지역에서 행복하게 출판하기

지역에서 행복하게 출판하기

초판 1쇄 발행 2015년 11월 15일

지은이 강수걸 권경옥 권문경 문호영 박지민 양아름 윤은미 정선재
펴낸이 강수걸
펴낸곳 산지니
등록 2005년 2월 7일 제14-49호
주소 부산광역시 연제구 법원남로15번길 26 위너스빌딩 203호
전화 051-504-7070 | 팩스 051-507-7543
홈페이지 www.sanzinibook.com
전자우편 sanzini@sanzinibook.com
블로그 http://sanzinibook.tistory.com

ISBN 978-89-6545-321-5 03010

* 책값은 뒤표지에 있습니다.
* 이 도서의 국립중앙도서관 출판예정도서목록(CIP)은 서지정보유통지원시스템
홈페이지(http://seoji.nl.go.kr)와 국가자료공동목록시스템(http://www.nl.go.kr/
kolisnet)에서 이용하실 수 있습니다.(CIP제어번호: CIP2015028083)
* 이 책은 한국출판문화산업진흥원 2015년 우수출판콘텐츠 제작 지원 사업 선정작입니다.

지역에서 행복하게 출판하기

강수걸 외 지음

산지니

책 읽어주는 남자

산지니라는 출판사를 2005년도 2월에 시작했습니다. 출판사는 출간도서목록으로 말하게 됩니다. 산지니의 도서목록을 살펴보면 우리 출판사가 꾸준히 지역 관련 책들을 내왔다는 걸 알 수 있습니다. 물론 부산 관련 책들을 많이 냈습니다. 이는 우리 출판사의 정체성을 보여줍니다. 부산 출판사로서, 부산 콘텐츠를 꾸준히 내고 있습니다. 그러나 출판사를 유지하는 데는 그게 어려운 점으로 작용하기도 합니다. 이중적인 면이 있습니다.

한국에서 지역 출판이 어려운 요소가 있습니다. 지역 콘텐츠를 내야 하는데, 상품으로 팔리는 콘텐츠가 되기 힘든 부분이 있습니다. 결국 균형입니다. 오래 버텨야 하는데, 그러기 위해서는 균형을 잘 맞춰야 합니다.

팔리는 책이 되려면 10년 후에도 20년 후에도 가치가 있는 책이어야 합니다. 도서관에 꽂혀 있더라도, 가치가 있어야 합니다. 책이라는 것은 한 사람을 만족시켜도 되고, 저자가 만족하는 책도 있을 수 있지만, 많은 사람들이 공감하고 볼 수 있으면 더 좋지 않겠는가 하고 생각합니다. 생명력이 오래가는 책이 좋습니다.

출판사를 하면서 생각했던 게, 좀 더 지역민들에게 다가가야겠다는 것이었습니다. 우리 사회가 갖고 있는 문제를 드러내고, 조금이라도 도움이 되는 책을 내고 싶습니다. 출판사는 좋은 책을 만들어서 독자들에게 전달합니다. 우리 책을 읽고, 독자들이 보다 좋은 세상을 만들면 좋겠다는 뜻으로 책을 냅니다. 현재의 독자만 말하는 것이 아닙니다. 미래의 독자도 포함됩니다. 백 년 전, 이백 년 전에 나온 책들이 지금의 사람들에게 영향을 주듯이, 우리 책도 백 년 후, 이백 년 후의 사람들에게 좋은 영향을 주기를 바랍니다. 그래서 독자들도 행복하게 책을 읽고, 우리도 행복하게 출판할 수 있으면 좋겠습니다.

2015년 10월
강수걸

차례

프롤로그: 책 읽어주는 남자   5

PART 01 — 산지니가 펼치는 새로운 책의 미래

출판사를 시작하면서   12

지역 출판의 현실   14

산지니의 창업 이념과 모토, 그리고 산지니라는 이름   16

우리 출판사의 첫 책 『반송 사람들』   21

『부채의 운치』, 『요리의 향연』, 『차의 향기』 3종 동시 출간   24

1호 저작권 수출도서 『부산을 맛보다』   28

왜 동네서점에서 책을 사야 돼요?   33

지역사회 독서 생태계를 주제로 한 서울국제도서전   36

2015 원북원부산도서 『금정산을 보냈다』   39

PART 02 — 편집일기

직원 닦달하는 일은 내 몫   48

노트북에 웬 딸기가?   50

뒤바뀐 페이지   52

보도자료를 쓰는 날   55

잡지 편집자의 변   57

구구절절 늘어놓는 어느 신입 편집자의 푸념일지   59

독촉전화   62

직딩 1년 차, 새끼디자이너의 디자인일기   64

첫 책은 이랬어   68

책의 유통기한   71

'브라질'을 통해 산지니에 입사한 사연   73

마지막 교정지   78

아름다운 관객이 되는 법   80

아내의 빈자리   85

어린이집 책 읽어주기   88

『즐거운 게임』 편집을 마무리하며   91

책 읽어주는 아빠   93

『금정산을 보냈다』를 보냈다   95

PART 03 ── 콘텐츠의 확장은 인연을 통해

책에서 책으로 이어지는 인연의 소중함   100

중견 소설가 조갑상   104

최영철 시인과 조명숙 소설가 부부   107

철학자 권서용 선생   110

신안1리 마을 이장 강수돌 교수, 원고를 보내오다   113

PART 04 ── 좌충우돌, 지역에서 출판사를 운영한다는 것

노가다도 출판 업무 중 하나   122

구글이 산지니에 보낸 화해 신청서   125

베트남에서 온 주문서   131

재생지로 만든 우수환경도서   134

영화촬영지로 변신한 출판사 사무실   138

EBS 휴먼다큐 <인생 후반전> 촬영기   141

거제도에서 열린 출판사 워크숍   146

히로시마에서 온 편지   155

십 대 소녀들의 하하 호호 산지니 방문기   161

개구리 납품 완료   163

다시 살아나는 책   166

부산 지하철에 붙은 『1980』 포스터   168

권 디자이너, 타이베이와 도쿄 도서전에 다녀오다   170

양 편집자, 스웨덴 예테보리 도서전을 떠나다   180

출판학회 학술대회에서 지역출판에 대하여 발표하다   189

PART 05 — 독자들과 만난다는 것

지역 출판미디어로 독자와 소통하기   196

신체와 정신에 남는 기록을 하고파   198
: 『지식의 윤리성에 관한 다섯 편의 에세이』 윤여일

행동하고 고민하는 보통의 사람: 『짬짜미, 공모, 사바사바』 최문정   210

철학을 이해하기 위해서는 한 인간을 이해해야 한다   220
: 『한나 아렌트와 마틴 하이데거』 황은덕

중국의 국민성에 대한 참신한 해석: 『흩어진 모래』 이종민   234

민주를 향한 움직임: 『중국 민족주의와 홍콩 본토주의』 류영하   244

에필로그: 지역출판을 처음 시작하는 사람들에게   262

산지니가 펼치는
새로운 책의 미래

"마을도서관을
지켜보며 책과 도서관이
우리의 삶에 어떤
의미가 되는지 되새겨볼
수 있었다."

01
출판사를 시작하면서

출판사를 시작한 이유는 워낙 책을 좋아했기 때문이다. 초등학교 시절, 부산 부전시립도서관에서 많은 시간을 보냈다. 그에 반해, 중·고교 시절은 책에서 좀 멀어졌다. 대학 때는 사회과학서적에 매료되었다. 부산대 법대를 졸업한 후 창원에 있는 모 중공업에 들어갔고, 외국회사와 접촉하는 일을 할 때 계약서나 저작권 문제를 유심히 살폈다. 3년만 다니고 출판사를 차릴 거라고 생각했는데 10년이 지난 후에야 사표를 내고 본격적으로 준비를 할 수 있었다.

2003년 12월. 10년간 다니던 회사를 그만두기로 결심하고 창원에서 매주 기차를 타고 서울을 오르내렸다. 출판강의를 듣기 위해서였다. 일주일에 2~3일 정도 서울에 머물며 마음산책 정은숙 대표와 책세상 김광식 주간의 출판강의를 듣기도 하고, 여타 다른 강의도 수강하면서 출판에 대한 구체적인 고민을 할 수 있었다.

회사를 그만두고 출판에 입문할 때는 매우 불안정한 상태였다. 편협한 독서와 좁은 인맥으로 책을 만들 수 있을까 전전긍긍하며 집 근처 도서관과 서점을 배회하였다. 출판사 근무 경험이 없었기 때문에 어떻게 책을 기획하는 게 좋을까 고민하면서 책을 읽고 또

읽었다. 출판 기획은 무엇인
가, 이 땅에 살아가는 사람
들에게 필요한 책은 무엇인
가, 내가 좋아하는 책과 출
판하고자 하는 책은 어떤 차
이가 있는가, 정리되지 못한
질문을 끊임없이 던진 끝에

대방마을도서관

결국 출판사를 차리기로 했다. 특히 살고 있던 아파트에 안에 있
는 대방마을도서관은 생각을 정리하는 데 많은 도움이 되었다. 지
역 주민들과 더불어 지역의 삶을 가꾸는 데 일조한다는 철학으로
운영되고 있는 대방마을도서관을 지켜보며 책과 도서관이 우리의
삶에 어떤 의미가 되는지 되새겨볼 수 있었다.

1년간 도서관에서 책을 보며 생각을 정리한 결과물이 바로 지금
의 산지니 출판사이다. 서울에 올라가서 창업을 할 것인가, 내가
나고 자라고 지금까지 생활해온 부산 지역에서 시작할 것인가를
놓고 많이 고민했다. 결과는 지금 내가 서 있는 이 자리에서 한번
해보자는 것이었다. 그래서 2005년 2월 척박한 맨땅에 부딪히는
느낌으로 출판사를 시작하였다.

다행히 걱정하던 2년을 훨씬 넘기고 4년째 접어들었으니 그 이
유는 출판사 이름 덕분이라고 해야 할까.(강수걸, 2008년)

02
지역 출판의 현실

2005년 창업 당시 부산지역에도 몇몇 출판사들이 꾸준히 출판 활동을 하고 있었으나 출간종수가 극히 미미한 수준이었고 그나마 전국적으로 유통이 되지 않는 경우가 많았다. 이 출판사들은 대체적으로 문학인들이 운영을 하면서 문학 관련 도서를 주로 출간하고 있는 상태였다.

창업을 준비하면서 지역의 서점 등을 돌며 자문을 구하고 다녔는데 부산의 유서 깊은 향토서점인 '문우당서점'의 부장님께서 "그나마 문학하시는 분들이 출판사 문을 열면 2~3년은 버티지요. 왜냐면 지인들이 책도 사주고 도와주거든요. 그런데 아무 경험도 없고 연고도 없는 분이 출판사 문 열었다가는 2년을 버티기 힘들걸요." 하시면서 안타까운 시선으로 충고를 해주셨다. 그만큼 부산 지역에서 출판사를 운영해나가는 것이 녹록치 않다는 말씀이었다. 하지만 이후 이분은 우리 출판사의 책들을 매장 잘 보이는 곳에 전시해주시고 판매대금도 바로바로 정산해주시는 등 많은 도움을 주고 애정을 보여주셨다.

2월에 창업하고 그해 10월에 두 권의 책을 동시에 출간했다. 『반송 사람들』과 『영화처럼 재미있는 부산』이었는데, 홍보를 위해 책을 들고 지역신문사 문화부 기자를 찾았다. 그리고 처음으로 신문기사가 나오게 되었다.(강수걸, 2008년)

지역 출판사 '산지니' 문 열었다
첫 책 '반송 사람들' 등 출간

지역 출판사 '산지니'(부산 연제구 거제1동)가 출범해『영화처럼 재미있는 부산』과『반송 사람들』, 두 권을 첫 출간물로 내놨다. 산지니 강수걸 대표는 "산지니는 가장 높이 날고 가장 오래 버티는 매이다"고 설명했다. 첫 출판물은 부산 관련물이다. 컬러 사진을 곁들여 해운대에 사는 김대갑 씨가 지은『영화처럼 재미있는 부산』은 부산을 좀 더 친근하고 쉽게 묘사한 책으로 '부산의 풍경 느끼기', '부산의 역사와 문화', '부산의 전설' 3개 부로 이뤄져 있다. 영도에 아리랑 고개가 있단다. 시내버스 85번 종점에서 청학동으로 넘어가는 고개인데 이전의 아낙네들이 배를 타고 부산장에 나가 해거름께 쌀이나 무거운 식량을 이고 힘겹게 넘던 애환의 고개였다.『반송 사람들』은 지역 모임 '반송을 사랑하는 사람들'을 창립했던 고창권 해운대구 구의원이 지은 책이다. 한편 강 대표는 "소외된 삶의 르포, 우리 옷 이야기를 비롯해 불교 차 관련 번역물 등을 출간할 계획"이라고 밝혔다.

(2005년 11월 16일, 부산일보)

03
산지니의 창업 이념과 모토, 그리고 산지니라는 이름

출판사 작명에 대한 이야기를 조금 하겠다. '산지니'는 산속에서 자라 오랜 해를 묵은 매로서 가장 높이 날고 가장 오래 버티는 우리나라의 전통 매를 뜻하는 이름이다. 전투적인 이름이지만 이 이름은 나의 대학 시절, 학교 앞에 있던 사회과학 서점의 이름이기도 하다.

그 시절 그 서점에서 사회에 대한 관심을 책을 통해 가질 수 있었고, 그 기억이 나에게 산지니란 이름을 가슴에 새기도록 해주었

위에서 일곱 번째 간판이 '산지니 출판사'

다. 그러나 사실은 이름을 통해 망하지 않고 오래 버티고 싶은 희망을 담았다고나 할까. 그런데 이름이 어려웠는지 만나는 사람마다 무슨 뜻인지 물어왔다. 이름은 듣기 쉽고 외우기 쉽고 말하기 쉬워야 한다는데….

덩그러니 사무실만 열었을 뿐 원고 하나 없이 출발해서 여

지역에서 행복하게 출판하기

『반송 사람들』과 『영화처럼 재미있는 부산』

러 사람을 만나러 다녔다. 알아주는 사람도 없고, 번역 출판을 해야겠다 싶어 출판사를 차린 지 3개월 정도 되었을 때 에이전시를 통해 번역서를 검토하던 중 마음에 드는 책이 있어 판권을 문의하였다. 일본 출판사에서 나온 책이었는데, 내용이 괜찮았다.

그러나 일본 출판사로부터 받은 답신은 서울이 아니라 지방에 있는 출판사가 어떻게 이 책을 번역 출판할 수 있겠느냐는 내용이었다. 하필 상대 출판사가 일본에서 매출 1위의 출판사였던 것이다. 결국 그 번역 출판 건은 결국 무산되고 말았다. 이 일은 나에게 '로컬 퍼스트(Local First)'를 출판철학으로 가지게 만든 사건이었고 이후 지역(local)에 대해 더 많은 고민을 하게 만들었다.

출판사를 차리고 8개월 만에 첫 책이 나왔는데, 홍보가 문제였다. 『반송사람들』과 『영화처럼 재미있는 부산』 두 책을 들고 부산 동보서적을 찾아갔는데 서점 관계자가 표지 디자인이 촌스럽다고(대놓고 얘기하진 않았지만) 애정 어린 충고를 해주었다. 요즘은 책 내용도 중요하지만 겉표지는 더 중요하다고, 그래야 독자들에게 선택받을 수 있다며…. 영광도서에서는 같은 지역이라고 괜찮은 조건으로 유통계약을 해주었다.

한 달에 한 권 정도 꾸준히 책을 발행하면서 전국 일간지 기자들에게 계속 책을 보내다 보니 "웬 지역출판사에서 이렇게 꾸준히 책을 내나?" 싶어 관심을 가져주는 기자들이 생겨났다. 이게 바로 지역출판사의 이점이라면 이점이다. 한겨레신문사의 임종업 기자도 그중 한 사람이었는데, 서울에 올라오면 한번 인터뷰를 하고 싶다는 제안을 해왔다. 마침 서울 쪽에 있는 서점을 돌아볼 일이 생겨 올라간 김에 전화를 걸었다. 그리고 장시간 동안 인터뷰를 했다. 인터뷰하는 일도 쉽지는 않았다. 기자의 질문은 역시나 날카롭기도 하고, 이것저것 묻는 것도 많았다.

어쨌든 한겨레신문에 출판사 기사가 크게 나고부터 지역신문사 기자들도 보는 눈이 달라졌다. 이후 동아일보, 부산일보, 한겨레21, 출판저널, 연합뉴스, 국제신문 등과 인터뷰를 하고, 기사도 실렸다. 없던 원고도 들어오기 시작했다. 언론의 힘을 다시 한 번 느끼는 순간이었다.(강수걸, 2008년)

따르릉~

안녕하세요. 여기는 산지니 출판사라고 합니다.

네?

산- 지- 니- 출판사요.

네? 어디요?

백두산 할 때 산, 지구 할 때 지, 어머니 할 때 니, 산지니 출판사입니다.

아, 네!

출판사 이름을 잘 모르는 분들과 통화할 때면 반드시 거쳐야 하는 대화다. 목청을 높여 한 자씩 또박또박 말하면 단박에 알아듣는 분도 간혹 있지만 무심결에 빨리 말하면 열에 아홉은 위의 절차를 거쳐야 한다. 산지니가 무슨 뜻인지도 모르는 분이 더 많다. 나도 입사 전엔 몰랐었다. 불교경전에 나오는 말인가요? 산스크리트어 아닌가요? 라고 나름대로 추측하기도 한다.

'산지니'는 우리말로 산속에서 자라 오래 묵은 매로서 가장 높이 날고 가장 오래 버티는 새라고 하니 출판사의 지향이 간접적으로 드러나는 셈. 고시조의 '산지니 수지니 해동청 보라매' 할 때 바로 그 산지니인 것. '알마'는 아랍어로 '양육하다, 키우다, 영혼'이란 의미를 지녔으며 고대 알렉산드리아 도서관의 애칭이기도 했다는 것. '열 번째 행성'은 지금은 이름도 없지만 언젠가는 밝혀질

미지의 행성을 꿈꾸는 여행서 전문 출판사의 이름. '이덴슬리벨'
은 영어로 'Eat and Sleep Well'(잘 먹고 자기)을 소리 나는 대로
한글로 적은 것-정은숙(마음산책 대표), 『한겨레21』, 「출판사는
이름 장사」

입사 초기엔 출판사 이름을 왜 이렇게 어렵게 지었나 속으로 불평하
기도 했다. 대표님께서 창업을 결심한 후 그 무엇보다도 중요한 출판
사 이름을 10분 만에 지었다는 산지니 출판사의 탄생 비화를 들었을
땐 할 말을 잃었다. 하지만 곰곰 생각해보니 장고 끝에 악수라는 말도
있잖은가. 오래 생각해야만 좋은 이름이 나오는 것은 아닐 것이다.
출판 양극화 현상이 매년 심화되고 요즘은 설상가상 펄프대란이라
는 말이 나돌 정도로 제작 환경이 불안한 출판 시장에서, 또 서울 아
닌 지역(부산)에서 이만큼 버텨올 수 있었던 게 모두 이름 덕분이
아닐까. 높이 날고 오래 버티는 '산지니'라는 이름 말이다.(권문경,
2010년)

　　　　　　　　　　　　　　　　　　지역에서 행복하게 출판하기

04
우리 출판사의 첫 책
『반송 사람들』

　부산 변두리에 위치한 반송은 1968~1975년 부산시가 도심의 판잣집들을 철거하면서 실시한 집단이주정책으로 조성된 마을이다. 철거민들의 마을이라는 부정적인 이미지에도 불구하고 반송은 2005년 10월 진주에서 열린 제5회 전국 주민자치센터 박람회에서 당당하게 최우수상을 차지하였는데, 그 뒤에는 '반송을 사랑하는 사람들(현 희망세상)'이라는 지역활동 단체, 그리고 그 단체를 설립한 고창권 씨가 있었다.

　내가 고 씨를 안 것은 출판사를 시작하기 훨씬 전부터다. 출판사를 하기 전 나는 창원에서 직장생활을 했고 아내는 부산의 병원에서 일을 했는데, 고 씨가 그 병원의 의사였다. 회사 나들이 모임에서 만난 고 씨는 1997년부터 '반송을 사랑하는 사람들'을 만들

반송에서 지역축제로 자리 잡은 어린이날 놀이 한마당

반송 전경. 장산을 중심으로 윗반송과 아랫반송으로 나뉜다

고 이끌면서 주민들과 함께 문화공동체, 자치공동체를 만들기 위해 노력했던 일들을 자세히 들려주었다.

마을신문을 발간하고 벽화를 그리고 어린이날 놀이 한마당, 좋은 아버지 모임 등을 개최하는 일에 고 씨는 10여 년간 헌신적으로 매진하고 있었다. 그는 주민이 지역의 주인으로서 지역의 문제를 스스로 해결해야 한다고 굳게 믿고 있었으며, 특히 반송처럼 작은 지역이 모범적인 선례를 만들어야 한다는 사명감을 가지고 있었다. 나는 이런 일들이야말로 책으로 기록될 가치가 있다고 생각했지만 지역의 소소한 움직임들까지 포착해주는 출판사는 없었다.

2005년 출판사를 시작하면서 제일 먼저 고 씨를 찾아갔다. 부산 지역에서 이루어지고 있는 작지만 소중한 일들을 책을 통해 전국의 독자와 나누고 싶은 마음이 있었는데, 고 씨야말로 출판사의 첫 저자로 적임자라고 판단했기 때문이다. 그러나 책을 내자는 말

지역에서 행복하게 출판하기

에 그는 선뜻 확답을 주지 않았다. "내가 무슨 책을…" 하며 그는 자기 이름으로 책을 펴낸다는 사실을 부담스러워했다. 애가 탔던 나는 재차 찾아가 이 일이 얼마나 가치 있는 일인지를 설득했고, 그제서야 그는 "한번 정리해보겠다"는 답변을 주었다.

책을 만드는 일에 있어서 나도 고 씨도 순전히 '초짜'였으나, 내용에 대한 확신이 있어서인지 출간 작업은 순조로웠다. 저자는 무더운 여름을 보내면서 정해진 시간에 땀의 결과물을 보내 왔다. 원고 교정을 보고 편집을 거쳐 그해 10월 31일 드디어 첫 책이 출판되었다.

책이 나온 뒤 주민자치센터에서 출간기념회 겸 마을잔치를 열었다. 반송 주민들은 자신들과 고 씨가 함께 만든 10년의 역사를 보며 뿌듯해했다. 이 책은 이후 산지니 출판사의 방향에도 지대한 영향을 끼쳤다. 단지 지방이라는 이유로 묻혀버리고 마는, 소소하지만 중요한 움직임들을 가장 먼저 포착하는 게 우리의 할 일이라는 암묵적 약속이 이루어진 것이다.

올해는 산지니 출판사가 설립된 지 10년째 되는 해다. 누구도 알아주지 않는 변방에서 활동하는 이들에게 다가가 "당신의 활동이 책이 될 수 있다"고 말을 건네는 출판사가 되고자 노력할 것이다.(강수걸, 『한국일보』, 2015년)

05
『부채의 운치』, 『요리의 향연』, 『차의 향기』 3종 동시 출간

출판사 설립 초기에 중국문학을 전공하는 후배에게 번역할 만한 책이 있으면 소개해달라고 부탁을 했더니 이 책 시리즈를 소개해주었다. 부채, 차, 요리, 옥, 꽃 등, 중국인과 밀접한 소재를 가지고 중국 문화를 소개하는 책 다섯 권이었다. 지금이야 중국출판도 많이 달라졌지만 10년 전만 해도 종이나 인쇄상태가 조악해서 중국 책들은 볼품이 없었다. 그런데 베이징출판사(北京出版社)에서 나온 이 책은 좀 달라 보였다. 우선 컬러 인쇄가 그런대로 품질이 좋았다.

『부채의 운치』, 『요리의 향연』, 『차의 향기』 3종의 원서

교양으로 읽는 중국생활문화 시리즈 『부채의 운치』, 『요리의 향연』, 『차의 향기』

    원서를 살펴보니 그림과 글이 잘 어우러져 중국 문화를 풍성하게 소개하고 있었다. 중국 경제가 날로 성장하고 있고 우리나라와 교역량도 점차 늘고 있어 중국 관련 책은 꾸준히 판매가 될 거라고 보았다. 아직도 '짱께'라는 표현을 쓰면서 타민족에 대해 저급한 인식 수준을 드러내는 우리나라의 현실 속에서 책은 충분히 소개할 만한 가치가 있다고 판단하였다. 중국인의 삶과 문화를 들여다볼 수 있는 교양서로 손색이 없다고 생각했다.

    중국 전문 에이전시를 통해 문의해보니 다행히 판권이 유효하다는 답이 왔다. 시리즈는 부채, 차, 요리, 옥, 꽃까지 다섯 종이었지만 한국 독자들이 관심을 가질 만한 부채, 차, 요리 3종만 계약하기로 하고 선인세와 도판료를 지불하였다. 그리고 번역에 들어갔다. 번역과정에서 일부 번역료를 중국 정부로부터 지원받기도 하였다. 중국 정부는 자국 문화의 세계화를 위한 방편으로 중국 문화를 알리는 우수도서의 해외 번역출판물에 대해 지원금 제도를 운영하고 있는데, 에이전시의 도움으로 신청을 하였더니 지원을 해주었던 것이다.

계약한 지 8개월 만에 '교양으로 읽는 중국생활문화' 시리즈로
『부채의 운치』, 『요리의 향연』, 『차의 향기』 3종을 동시에 출간했
다. 도판이 많아 컬러로 인쇄를 할 수밖에 없었는데 인쇄비가 만
만치 않았다. 이왕 제작비가 많이 드는 김에 차별화를 위해 과
감하게 양장을 선택하였다. 고가전략을 쓰기로 한 것이다. 권당
25,000원 정가를 매겼다. 당시로서는 파격적인 가격이었다.

홍보를 위해 언론사에 책을 보냈더니 반응이 좋았다. 『부채의
운치』의 경우 일간지마다 대서특필해주었다. 심지어 모 언론사 기
자는 출판사로 전화를 걸어와 책을 탐내는 사람이 많은데 두세 권
더 보내줄 수 없겠느냐고 해서 보내드렸다. 『차의 향기』의 경우도
연합뉴스, 한겨레, 경향신문, 세계일보, 중앙일보, 부산일보 등에
서 기사를 실어주었고, 『요리의 향연』도 연합뉴스, 중앙일보, 세계
일보, 문화일보, 서울신문, 국민일보 등에 기사가 실렸다.

『부채의 운치』 언론 기사 목록

· 중국인의 예술과 삶에 깃든 『부채의 운치』 - 연합뉴스

· 중국 문화에서 특별한 위치를 차지하는 부채 - 한겨레

· 부채가 일종의 문화적 언어로 쓰인 점을 재미있게 탐색 - 문화일보

· 풍성한 화보로 들여다보는 부채 문화사-경향신문

· 중국여인들은 부채로 고백했다 - 세계일보

· 부채를 통해 본 중국의 역사·문화 - 한국일보

· 중국 정부로부터 번역료 일부를 지원받기도 한 책 - 부산일보

많은 기사가 실리고 많은 사람들이 관심을 가져주었음에도 불구하고 책이 팔리는 것은 또 다른 문제였다. 천만 원에 육박하는 권당 제작비와 선인세, 번역료 등을 회수하기란 요원한 일이었다. 그나마 중국정부로부터 번역료를 일부 지원받아 다행이었지만 초판이 거의 다 소진된 지금에도 수지를 계산해보면 마이너스로 볼수밖에 없다. 그러나 이 책은 출판사의 이름을 알리고 이미지를 제고시키는 데 커다란 역할을 하였다. 부산에 이런 책을 만들어내는 출판사가 있다는 데 놀랐다며 출판사로 전화를 걸어와 장시간 통화까지 한 독자도 있었다. 간혹 책 출간을 협의하면서 저자가 '과연 이 출판사가 책을 잘 만들어낼 것인가' 미심쩍어 하는 눈치를 보일 때 이 책을 내밀면 아무 소리도 하지 못한다. 그렇게 본다면 결코 이 책이 출판사에 마이너스만 끼친 것은 아니다. 오히려 플러스로 작용한 측면이 더 많았던 고마운 책이 아닌가 싶다.(권경옥, 2015년)

06

1호 저작권 수출도서,
『부산을 맛보다』

　산시니가 지역에서 출판활동을 하면서 무엇보다 주력하고 있는 분야는 바로 지역문화 콘텐츠이다. 지역에서 출판활동을 하는 것이 도서의 제작이나 유통 측면에서는 걸림돌이 되기도 하지만 바로 지역에 기반하고 있다는 특성을 십분 활용해서 지역의 저자들을 만나고 지역의 문화와 콘텐츠를 가공하여 책으로 만들어내는 데는 오히려 강점으로 작용하기도 한다. 산지니의 저작권 수출 1호 도서 『부산을 맛보다』도 이러한 맥락에서 탄생하였다.

　『부산을 맛보다』는 부산지역에서 제1의 신문일 뿐만 아니라 전국의 지역신문 중에서도 가장 많은 발행부수를 자랑하는 부산일보 라이프레저부 맛 담당 기자인 박종호 기자가 부산일보에 매주 연재한 기사를 재편집한 책이다. 박종호 기자는 연재를 시작하면서부터 블로그를 개설하여 독자들과 꾸준히 소통하였으며 신문에 싣지 못할 기사는 블로그에 올려 다양한 콘텐츠를 모아 나갔다. 출판사는 연재 초기부터 이에 관심을 가지고 저자와 함께 논의하면서 책의 방향을 잡아 나갔다. 책이 출간된 후에는 부산 지역의 향토서점인 영광도서에서 '저자와의 만남'을 기획하여 책을 알리는 계기를 만들기도 했다. 지역신문 기자가 지역의 맛집을 소개한 책을 지역출판사에서 출간하여 시너지 효과를 창출한 것 같다.

부산은 지리적인 특성으로 일본과 가까워 부산-대마도는 2시간 만에, 부산-후쿠오카는 4시간 만에 갈 수 있는 거리이다. 역사적으로도 근대 이후 왜관이 설치되면서 일본인들이 많이 건너와 살았고, 일제강점기 때에도 그 어느 도시보다 일본인들이 많이 거주하여 적산가옥 등 아직도 일본인의 잔재가 많이 남아 있는 곳이다. 따라서 그때의 향수를 가지고 찾아오는 일본인 관광객이 아직도 많다. 특히 부산항여객터미널과 가까운 중앙동이나 남포동 거리를 걷다 보면 가이드북을 들고 길을 찾는 일본인들이 많이 보인다.

부산일보는 후쿠오카에 본사를 두고 있는 서일본신문사와 교환기자 제도를 시행하면서 서로 상주기자를 두고 긴밀한 협조 관계를 맺어왔다. 서일본신문사는 규슈 지역의 7개 현을 대상으로 신문을 발행하고 있으며 자회사로 방송국과 여행사를 운영하고 있다.

2011년 6월에 출간된 이후 독자들로부터 꾸준한 호평을 받던 『부산을 맛보다』에 대해 2011년 11월 서일본신문사 출판부에서 일본어판 출간 문의를 해왔다. 일본인 관광객이 많은 부산의 맛집을 소개했다는 점에서 일본인들의 관심을 받을 거라고 판단한 듯했다. 서일본신문사 출판부와 6개월간 몇 차례 미팅을 계속하면서 번역 계약을 진행하는 사이 일본의 또 다른 메이저 출판사가 번역출간 문의를 해오기도 했지만 최초로 출간 문의를 해온 서일본출판사와 2012년 5월 21일 최종적으로 번역출판 계약을 완료하였다. 책이 출간되면 서일본신문사의 자회사인 (주)니시니혼여행사에서 부산 맛집 탐방을 테마로 한 여행상품을 개발하여 책과 함께 홍보, 판매할 예정이라고 했다. 초판 인쇄부수는 3,000부, 정가는 1,260엔으로 정해두고 인세는 5,000부까지 6%, 이후 7%이며 선인세는 15만 엔으로 계약을 체결하였다.

서일본신문사에서 출간된 일본판 『부산을 맛보다』 표지와 내용 일부

계약 체결 후 책이 나오기까지는 8개월 정도 걸린 듯하다. 그 과정에 저자를 통해 부산에 있는 일본총영사관의 추천사를 받아서 일본 측 출판사에 전달하였으며 이후 일본어판 책은 『釜山を食べよう』라는 제목으로 2013년 2월 10일 출간되었다. 출간 후 서일본출판사에서 증정본 10부를 보내왔다. 상자 안에는 책과 함께 한글로 쓴 편지도 들어 있었는데, 감사하다는 말과 책이 잘 팔릴 수 있도록 노력하겠다는 말이 쓰여 있었다.

지역에서 행복하게 출판하기

작은 것을 지향하는 일본인답게 책은 한 손에 쏙 들어가도록 작게 만들어졌다. 270쪽 신국판형 책이 190쪽 46판형으로 줄어들었다. 그래도 생각보다 아기자기하게 편집을 잘했다. 원래 책에는 없던 부산 지하철 노선표라든지, 간단한 한국어 회화도 부록으로 넣고 음식점별로 찾아가는 길을 일목요연하게 정리해두어 실제 여행객들에게 도움이 되도록 만들어졌다.

한 가지 아쉬운 점은 계약 당시 1,400원가량 하던 환율이 1,100원대로 떨어졌다는 점이다. 이는 인세 수익이 떨어진다는 측면도 있었지만 무엇보다도 일본인 관광객 수가 줄어들어 책 판매에 영향을 미치지 않을까 하는 점이 더 걱정이었다. 다행히 일본 웹사이트를 검색해보니 책에 대한 긍정적인 반응들이 눈에 많이 띄었다. 일본, 특히 부산과 가까운 규슈 지역 일본인들은 부산에 관심이 많음을 알 수 있었다.

"퇴근길에 서점에 들러 사 왔습니다. 빨리 읽고 싶은 것을 꾹꾹 참으며 식사 준비를 하고 나서야 읽었습니다. 단지 맛집과 음식 소개 책이 아니라 그 음식의 유래와 어떻게 먹는지, 주인의 고뇌 등이 재미있고도 진지하게 쓰여 있어 읽을 만한 책이었습니다."

"서울의 책은 가득 나와 있습니다만, 부산 관련 책은 그리 많지 않습니다. 그래서 부산 사랑 가이드북 등 신서와 개정판이 나올 때마다 부지런히 사 모으고 있습니다."

"후쿠오카에서 비틀호 타면 하루 정도 걸리겠네요. 부산의 좋은 책과 만날 수 있어 기쁩니다."

산지니는 설립 초기부터 대한출판문화협회 등의 출판단체에 가입하여 저작권 수출에 대한 노력을 꾸준히 기울여왔다. 도쿄국제도서전, 베이징국제도서전, 서울국제도서전에 독자적으로 부스를 만들어 참가할 여력이 되지 않으므로 대한출판문화협회를 통해 해마다 서너 종의 도서를 꾸준히 출품해왔다. 2014년 1월에 열린 타이베이국제도서전에도 『부산을 맛보다』, 『길 위에서 부산을 보다』, 『밤의 눈』 등을 출품하였으며, 직원 한 명이 직접 타이베이로 건너가 현장을 둘러보기도 하였다.

또한 2007년도부터 한국문학번역원의 영문 초록이나 샘플 번역 지원 제도를 이용해 초록과 샘플을 제작하고, 번역지원 신청도 계속했으며 저작권 수출 에이전시에도 꾸준히 책을 보내는 등의 노력을 기울였다. 그러나 한국문학번역원의 번역지원은 베스트셀러나 유명 소설가의 작품 위주로 선정되다 보니 항상 선정에서 제외되는 바람에 아쉬움이 크다. 하지만 이러한 지속적인 노력의 바탕 위에 1호 저작권 수출이라는 성과를 달성했다고 믿는다.

국내 출판시장은 아직도 국내서보다는 번역서를 선호하고 매주 토요일자 일간지들의 출판면 또한 번역서에 치중되어 있는 게 사실이다. 해를 거듭할수록 출판의 위기가 심화되고 있는 현실에서 협소한 국내서 시장보다는 해외 진출의 길을 모색하는 것 또한 지역의 출판사로서 또 하나의 출구가 될 수 있을 것이다.(강수걸, 한국문학번역원 웹진 『OPIA』, 2013년)

07

왜 동네서점에서
책을 사야 돼요?

초등학교 6학년 아들 녀석은 노빈손의 팬이다. 주로 도서관에서 책을 빌려 보는데, 지난 설에 세뱃돈을 받아 새로 나온 노빈손 책 한 권을 사 들고 들어왔다.

"대영아, 책 어디서 샀니?"

"○○마트요."

"○○마트? 거 참……."

혀를 끌끌 차고 있으니 아이가 의아하다는 듯이 묻는다.

"왜요?"

"좀 더 내려가면 서점 있는데, 서점에 가서 사지." 하면서 왜 동네서점이 살아나야 하는지 차근차근 설명을 해주었다.

잘 알아들었는지는 모르겠으나 아이는 "그렇구나." 하면서 고개를 끄덕였다. 그러고 나서 며칠 후, 제 엄마랑 같이 서점에 가서 문제집을 사 왔다. 새학기가 되어 전과목 문제집을 사니 제법 무거운데도 낑낑거리고 들고 왔다.

그날 이후 도서관에서 한국서점에 대한 책을 조사해보았다. 2000년에 발행된 『우리에게 온라인 서점은 과연 무엇인가?』(한기호 저)라는 책 등 소수의 책만이 비치되어 있었다.

대부분의 동네 서점은 높은 도서매입률 때문에 할인을 할 수 없는 처지인데, 이를 모르는 일부 독자는 서점이 폭리를 취한다고 비판한다. 사진은 서울 성동구의 한 서점(출처: 서점신문)

한국의 출판유통은 온라인 서점의 급성장과 오프라인 서점의 몰락으로 표현되는 소수 과점화에 직면하고 있다. 이런 현실은 미래의 한국독자들에게 한국출판의 괴멸로 나타날 것이다.

2005년에 부산 지역에서 출판사를 시작하고 지금까지 직거래 서점의 부도를 몇 차례 직접 경험하였다. 대구의 제일서적(2006년), 부산의 청하서림과 면학도서(2008년)의 경험이었다.

2006년에 맞은 대구 제일서적의 부도는 그나마 출판사의 피해가 적었다. 출판사 창업 후 몇 년 되지 않은 시점이라 출간 종수도 적었고, 무엇보다도 서점 측의 협조로 위탁 도서 대부분을 회수할 수 있었던 것이다. 그러나 부산의 청하서림과 면학도서는 달랐다. 부도 사실을 미리 알려주지도 않았고, 책을 찾으러 갔을 때는 직거래 서점이었음에도 불구하고, 도매상에서 책을 모두 싹쓸이를 해 간 뒤였다. 손해는 고스란히 출판사로 돌아왔다.

지역에서 행복하게 출판하기

부도의 경험을 통하여 출판사와 유통업체의 관련성에 대해 깊이 고민하게 되었다. 그동안 부산지역은 영광도서와 동보서적 등 지역을 대표하는 서점들이 건재한 편이었다. 하지만, 2010년 2월 22일부터 인터파크와 알라딘의 부산지역 당일 배송 실시로 전운이 감돌고 있다. 인터넷 서점들의 공격적인 마케팅, 교보문고 센텀점을 비롯해 대규모 서점들의 부산 공략이 시작된 것이다.

　지역 서점들의 몰락은 지역문화를 죽이는 일이다. 지역서점들이 건재해야 지역경제가 살고 지역문화에 투자도 한다. 온라인 서점에서 구매하는 이유는 완전한 도서정가제가 안 되고 있기 때문이고 할인 및 마일리지를 용인하기 때문이다.

　지역서점들이 생존하기 위해서 지역서점에서 책 사기 운동을 전개하는 것도 한 방법이 되지 않을까? 지역의 작은 서점들이 10년 안에 모두 사라질 운명에 처해 있다. 서점인들의 단결된 힘으로 이 위기를 극복해야 한다.

　지역의 서점이 공기와 같은 공공재로서 역할을 하도록 지방자치단체와 지방의회에 더 많은 관심과 예산의 배분을 요청해야 한다. 중앙정부와 국회에도 무대책으로 방관하지 않도록 적극적으로 대처해야 한다.(강수걸,『서점신문』, 2010년)

08
지역사회 독서 생태계를 주제로 한
서울국제도서전

매년 코엑스에서 열리는 서울국제도서전이지만, 몇 년간의 편집자 생활을 하면서도 국내에서 하는 도서전은 나에게는 첫 방문이었다. 2014년 다녀온 서울국제도서전 출장은 내게 단순히 책을 전시하고 판매하는 '전시' 목적이 아니라, 과거의 책 문화를 돌아봄과 동시에 진정으로 책을 즐기고, 앞으로 책을 어떻게 더 사람들이 활용할 것인가를 진지하게 고민하고 탐구하는 자리여서 더욱 뜻깊었던 것 같다.

더욱이 이번 도서전 행사와 동시에 열리는 세미나에서 「지역사회 독서 생태계, 어떻게 만들 것인가」라는 주제를 두고 산지니 출판사가 지역 출판사를 대표하여 세미나 발제를 맡게 되어 그 책임감의 무게가 더 크게 느껴졌다.

여느 때와 다름없는 목요일 아침, 출판사 사무실이 아닌 부산역으로 발걸음을 옮겨 KTX 서울행 기차에 올랐다. 삼성역 코엑스 건물 입구에 도착하기 전부터 사람들의 손에 책이 담긴 가방이 눈에 보여 '아, 정말 도서전에 도착했구나'라는 사실을 실감할 수 있었다. 책을 만드는 사람이 아닌, 책을 읽는 사람으로서 도서전에 방문했더라면 어떤 느낌이었을까? 주말이 아니라 그런지 소란하지 않은 분위기에서 도서전 행사 분위기를 즐길 수 있었다.

코엑스 도착과 동시에, 대표님과 나는 회의장부터 찾느라 분주해졌다. 코엑스몰에서 가볍게 점심식사를 마치고 나서 3층 회의장에서 바로 세미나 준비를 시작했는데, 산지니가 가장 먼저 발제를 맡아 대표님께서 산지니 사례를 20분가량 소개하셨다. 원래는 30분 발표 시간이 우리에게 주어졌는데, 시간이 촉박해 주최 측에서 20분으로 압축해서 설명해달라는 주문이 있었다. 때문에 대표님은 많은 사례를 '책자에 있는 자료를 참조 바랍니다.'라는 멘트로 지나갔는데, 지켜보는 내 입장에서는 많이 아쉬울 수밖에. 세미나를 준비하면서 많은 자료와 출판사의 모든 이야기를 담아 왔는데 말이다.

지역출판사로서 산지니의 운영형태와 지역출판사의 현실, 저자 섭외, 독자와의 소통 등에 대해 다양한 이야기를 나누었는데, 특별히 세미나의 주제이기도 한 '독서생태계 구축을 위한 출판사의 역할'로서 우리가 매월 진행하고 있던 '저자와의 만남' 사례를 제시하기도 했다.

마지막의 제언 부분에서는 공공기관과 출판사의 독서 생태계 구축 사업으로서 부산문화재단의 '지역출판문화 및 작은 도서관 지원 사업' 사례를 들었다. 단순히 출판사의 도서를 홍보하고 책을 구매하여 공공도서관에 보급하는 사업이 아니라, 지속적으로 저자와 독자의 만남을 독려하고 독서문화를 만들어가고자 하는 부산문화재단의 사업이었다. 서점 수금으로 영업이 어려운 지역출판의 생태계를 유지하기 위한 지방자치단체의 소중한 사업이라고 생각하고 있던 차에 이번 세미나를 위해 자료조사를 하여 이를 짚고 넘어갈 수 있었다. 앞으로도 부산문화재단의 이 사업이 계속되어 부산지역 독서생태계가 보다 풍성해졌으면 좋겠다.

두 번째 발제는 대전의 '왜요 아저씨' 계룡문고 이동선 대표님의 발표였다. 서점 대표님이 하는 독서진흥 사례는 과연 어떤 걸까 하면서 기대했는데, 기대에 어긋나지 않게 굉장히 신선했다. 서점이 수도적으로 아이들과 노인들에게 책 읽어주기 자원봉사를 실시하여 서점을 '오고 싶은 공간'으로 유도하는 사업이었는데, 이동선 대표님의 유쾌한 표현들이 너무도 멋졌다. 실제로 이동선 대표님께서 서점사업을 하면서 많은 빚을 지게 되었다고 하는데, 이 빚이 결국 '빛'을 향해 가는 열쇠가 될 것이라고 하는 표현에 뭔가 모를 감동이 느껴졌다. 서점 영업이 잘 되지 않아 정신적 스트레스를 많이 받으실 텐데도 지역서점으로서 입지를 굳건히 하고 계신다는 점에서 출판인으로서도 많은 것을 배웠음은 물론이다.

세미나가 끝난 뒤 이동선 대표님은 뒤풀이에서 내게 많은 조언을 해주셨는데 그 또한 새겨 들을 수밖에 없었다. 출판과 서점 사업이란 돈과 이익을 바라보는 일이 아니다, 출판 사업은 방위산업처럼 사람을 죽이는 일이 아닌, 사람을 살리는 일이라고 했던 표현이었는데, '사람 살리는 출판 일'이라는 명제는 출판 일을 하는 내내 잊지 못할 것 같다는 생각이 들었다.(양아름, 2014년)

09
2015 원북원부산도서
『금정산을 보냈다』

2015년 초, 산지니 출판사에는 좋은 일이 있었다. 바로 최영철 시인의 시집 『금정산을 보냈다』가 2015년 '원북원부산도서'로 선정된 사건이다. 그동안 산지니 출판사가 원북원부산 시민운동에 공력을 기울였던 것을 떠올리니 기쁜 감정과 함께 그간의 일들이 하나하나 떠올라 복잡다단한 심정이 되었다.

원북원부산운동은 2004년부터 시작된 문화운동이다. 부산 시민들이 한 책으로 하나가 되는 행사인데, 범시민독서생활화운동의 일환으로서 펼쳐지는 부산시교육청 주관 사업이다. 즉, 한 도시에 한 권의 책을 읽으면서 시민들이 공통된 관심사로 책을 통해 소통하고 토론하는 문화를 만들기 위해 진행되는 일종의 문화운동인 셈이다. 좋은 행사이자 그 취지는 좋으나 출판사 사람들은 이 사업에 늘 아쉬움을 가지고 있었는데, 그 이유는 독서 문화에 있어 '지역'이라는 고민이 빠져 있음에 대한 안타까움 때문이었다. 지난 원북원부산도서 사업 결과를 돌아보면, 2004년에는 김중미, 2005년에는 김형경, 2006년에는 공지영, 2007년에는 김현근, 2008년에는 박경철 등 모두 좋은 저자분들의 좋은 책이었음은 물론이지만 원북원운동의 본래의 취지와는 달라 부산을 소재로 한 책이라든가, 지역 출판사에서 발행한 책을 선정하는 것이 맞지 않겠는가 하는 생각이 들었다.

2009년도에는 원북원부산 후보도서 10권 중 산지니 출판사에서 나온 『부산을 쓴다』가 선정되기도 했다. 이 책은 부산 지역 소설가들이 '부산'을 소재로 하여 쓴 소설작품을 모은 책으로, 지역 출판사인 산지니에서 출판하고, 연재도 지역언론사인 〈부산일보〉에서 했다는 점에서 지역민에게 다양한 지역적 고민과 지역 정서를 토론할 수 있는 계기가 되지 않을까 하는 생각을 했지만, 안타깝게도 그해 결과는 신경숙의 『엄마를 부탁해』가 선정되는 것으로 막을 내렸다.

2010년에는 출판사로 시민도서관에서 원북원부산도서 추천을 요청하는 메일이 오기도 했다. 당시 출판사에서는 조갑상 작가의 『테하차피의 달』을 추천했는데, 그해에는 김곰치 작가의 『빛』이 10권의 후보도서에 선정되었다. 당시 대표님은 평소 알고 지내는 지인들에게 문자를 보내고 전화를 걸어 출판사의 후보도서인 『빛』 투표를 적극적으로 호소하였으나 『산동네 공부방, 그 사소하고 조용한 기적』이 선정되었다고 한다. 아쉬웠지만 2010년도 원북원부산도서는 그래도 부산 감천동에서 공부방을 운영하던 작가의 진솔한 이야기가 담겨 있어 지역의 특색을 잘 나타내는 책이었고, 나름의 원북원시민운동의 취지와 잘 부합한다는 생각에 기쁜 마음으로 축하할 수 있었다.

2011년도에는 부산의 중견시인인 최영철 시인의 『찔러본다』(문학과지성사), 부산지역 소설가 김현의 『봄날의 화원』(나남), 교사 이상석의 자전 소설 『못난 것도 힘이 된다』(자인) 등 부산 지역 작가들의 작품이 3권이나 후보에 올랐다. 비록 그해에는 우리 출판사가 한 권도 후보도서에 들지 못하였지만, 점차 원북원시민운동이 운동의 취지와 성격을 잘 갖춰 운영되고 있다는 점에서 고무되었다. 『책만 보는 바보』라는 책이 그해의 원북도서로 선정되었는데 남녀노소 다양한 대중이 보기에 좋은 책이었다는 생각이 들었다.

그렇게 몇 년이 지나고, 2015년 현재 열두 번째를 맞이하고 있는 원북원부산운동. 최영철 시인의 『금정산을 보냈다』(산지니)가 후보도서에 올랐고, 결국 2015년 원북도서로 선정되는 쾌거를 이뤘다. 멀리 중동으로 떠나는 아들의 가슴 주머니에 쥐어 보낸 무언가, 그것은 고향의 금정산이었다고 술회하는 시인의 시어들 속에서 부산에 대한 애정은 물론, 어두운 현실에서 도피하지 않는 최영철 시인만의 '우둔함'이 담겨 있는 시집이다. 특별히 이 시집은 최영철 시인의 열 번째 시집에다 출판사가 야심차게 준비한 산지니시인선의 첫 번째 시집이어서 감격이 더 컸다.

『금정산을 보냈다』 2015 원북원부산 도서 선정을 기념해, 2015년 4월 21일에는 부산시청 1층 대강당에서 원북원부산 선정도서 선포식이 있었다. 나와 박지민 디자이너를 비롯하여 특별히 책의 출간부터 홍보까지 많은 일을 도맡았던 윤은미 편집자가 현장을 다녀왔다. 그동안 몇 번씩이나 원북원부산도서 선포식 행사장을 다녀왔지만, 우리 출판사가 선정된 것은 처음이라 출판사 식구들은 더욱더 들떠 있었던 것 같다.

　선포식을 시작하기 전부터 많은 사람들이 자리를 메워, 이번 원북원부산도서 선포식 자리가 큰 행사라는 것이 실감이 났다. 이번 행사장에서 조금 독특했던 점은 최영철 시인과 함께 김해 도요 마을에서 지내며 연극을 하는 '연희단거리패'에서 『금정산을 보냈다』 원북원부산도서 선정을 축하하는 공연이 이어진 점이다. 연희단거리패에서는 최영철 선생님의 시 「부산이라는 말」과 「금정산을 보냈다」의 시구로 공연을 준비해 왔다. 뭔지 모를 엄숙하고 딱딱한 행사장 분위기와는 달리 신나고 경쾌한 무대여서 더욱 즐겁게 관람할 수 있었다.

　시극 공연이 끝나고 바로 본무대인, 최영철 시인의 초청 강연회가 이어졌는데, 시인께서는 강연 중 시가 가지는 힘에 대해 언급하셨다. 사실 원북원 투표를 진행하는 과정 중에 '시를 가지고 이야기할 것이 무엇이 있겠느냐', '시는 난해한 것', '시의 쓸모없음'에 대한 의견이 분분했고, 이에 대한 이야기를 듣고는 시를 바라보는

연희단거리패에서 시극을 공연하고 있다.

　　　　　　　　　　　　　　　　지역에서 행복하게 출판하기

사람들의 인식을 느끼고 못내 안타까웠다고 하셨다. 원북원부산
도서에 선정되고 말고의 문제가 아니라, 시가 홀대받고 있는 현실
에 대해서 말이다. 원북원부산도서『금정산을 보냈다』의 맨 앞장
에 보면 이런 구절이 시인의 자필로 인쇄되어 있다.

> 세상에 쓸모없는 것은 없다
> 나의 쓸모가 무엇인지를 발견하는 것이
> 행복의 지름길이다

더불어 「금정산을 보냈다」의 시작 배경을 설명하면서 중동으로
아들을 취업 보낼 수밖에 없는 못난 아비였음을 토로하셨다. 하지
만 이 시에도 '쓸모 있음'이 존재한다며 한 가지 일화를 말씀해주
셨다. 아들을 요르단으로 떠나보내며 김해공항 출국장에 이 시를
쥐어 보내면서 모 일간지 칼럼에 에세이를 썼던 것이 당시 요르단
한인사회에 소문이 나서 아들이 유명인사가 되었다는 이야기였
다. 못난 아비가 그래도 아들에게 하나의 도움이 될 수 있다는 말

에 어쩌나 먹먹하던지…. 시의 쓸모 있음, 시의 힘이란 바로 그런 것에 있지 않겠는가 하는 생각이 절로 든 순간이다.

마지막으로 독자 사인회가 이어졌는데 어쩌나 많은 시민들이 시인께 몰려들던지 출판사 식구들은 식이 끝나고 한참 뒤에야 선생님을 뵐 수 있었다. 마지막으로 단체 기념촬영을 하고, 모든 행사가 비로소 끝이 났다.

행사를 파하고 회식자리에서 원북원부산도서 선포도 좋지만 수고하신 출판사 식구들에 대한 언급이 없어 아쉬웠다고 시인께서 말씀하실 때, 출판사를 알뜰살뜰 챙기시는 모습에 다시금 뭉클했다. 원북원부산도서 선포식 행사장 강연에서도 강연에 앞서 제일 먼저 대표님을 언급해 불러 세우시고, 부산의 출판문화에 산지니가 많은 기여를 하고 있다며 칭찬해주셨다. 덧붙여 부산출판사를 응원해달라고 시민들께 당부하시기도 하셔서 책을 만든 출판인으로서 마음이 따뜻해지는 순간이었다.(양아름, 2015년)

지역에서 행복하게 출판하기

피 튀기는 오문비 발송 현장! 엘뤼에르 유혈 부상… 빈혈 쇼크 우려?

국내 유일의 비평전문 계간지인 『오늘의문예비평』(줄여서 오문비. 설마 아직도 모르시면 안 됩니데이.) 2013년 겨울호 발송 작업이 있던 수요일. 산지니 식구들과 오문비의 편집위원 선생님까지 힘을 모아 김장을 방불케 하는 사내 수작업을 벌이던 도중 엘뤼에르 편집자의 섬섬옥수에 유혈이 낭자한 사건이 벌어졌다. 봉투에 오문비 책을 넣어 포장하던 도중 날카로운 종이에 손이 베인 것. 작업이 잠시 중단되고 밴드로 일회용 처치를 하면서 동시에 봉투에 묻은 피를 어찌할 것이냐는 논의가 벌어졌으나 배송에 영향을 미치지 않을 것이라고 판단, 그대로 보내기로 했다. 빈혈로 쇼크가 오지 않겠냐며 주위의 걱정을 샀던 엘뤼에르 편집자는 작업이 끝나고 먹은 뼈다귀해장국 한 그릇으로 곧 체력을 회복했다는 후문. 엘뤼에르 편집자의 피 묻은 봉투를 받으신 행운의(?) 독자님 연락 주세요. 다음엔 꼭 제일 깨끗한 봉투에 넣어드리겠어요.

편집일기

"책 읽기에서 느꼈던
즐거움을 그대로 느낄
수 있는 즐거운 책을
만들고 싶다."

10
직원 닦달하는 일은 내 몫

제본소에서 전화가 왔다.

"내일 제본이 끝날 예정입니다."

신간 제작이 완료돼 창고에 들어간단다. 이제 보도자료를 만들어 배포하는 일이 남았다.

"보도자료 다 만들었어요?"

"……."

"아직도 안 끝내고 있으면 어떡합니까?"

직원들을 닦달하는 건 늘 내 몫이다. 엄청나게 쏟아져 나오는 신간들 속에서 그나마 우리 책이 주목받으려면 관건은 보도자료. 하지만 매번 만족스럽게 써지는 것은 아니다. 오늘도 그런 경우다. 화요일까지는 기자들에게 책과 자료가 도착해야 하는데 마음이 급하다. 시간도 없는데 오늘따라 프린터까지 웬 말썽이람? 이놈의 프린터는 급할 때면 늘 이 모양이다.

"빨리 좀 와주세요. 꼭이요."

바쁘다는 애프터서비스 기사를 급하게 불러 프린터를 고치고, 겨우 자료를 만들어 택배기사에게 연락을 하니 산 넘어 산. 오늘은 물량이 많아 못 오겠다고 한다. 직접 들고 우체국으로 뛰어가

지역에서 행복하게 출판하기

는 수밖에. 마감시간에 임박해서 겨우 우체국으로 들어갔다.

"다음에는 좀 더 일찍 오세요."

우체국 직원도 한마디 한다. 전쟁이다.(강수걸, 2009년)

11

노트북에 웬 딸기가?

편집과 교정 작업 때문에 노트북을 끼고 사는 엄마. 네 살짜리 아이는 그런 엄마한테 늘 놀아달라고 치대곤 한다. 급하게 해야 할 작업 때문에 또 책상 앞에 앉아서 노트북을 두들기고 있는데 막내 녀석이 다가왔다.

"엄마 나도 할래."

무릎 위로 기어올라 자판을 만지작거린다.

"안 돼―."

지금까지 해놓은 작업 다 망치면 안 되는데… 휴~.

할 수 없이 아이와 함께 일하기로 했다.

"원서야, 엄마가 하라는 대로 해." 하고는 엔터 키, 스페이스 키, 델리트 키를 가르쳐주었다. 작업을 하다가 엔터 키를 쳐야 할 시점에서 "원서야. 엔터 키" 하면 아이가 엔터 키를 누르는 것이다. 시켜보니 곧잘 한다. 그리고 재미도 있는 모양이다.

"엔터 키" 하면 엔터 키를 누르고, "야 잘했다." 한 번 해주고, "스페이스" 하면 스페이스 키를 누르고 "진짜 잘하네." 한 번 더 칭찬해주고, "델리트 키" 하니 "엄마 이거?" 하고는 또 누르고… 그렇게 한참을 일했다.

며칠 후, 또 책상머리 노트북 앞에 앉아 있는 엄마한테 아이가 다가와서 하는 말.

"엄마, 엄마. 나 딸기 할래."

"딸기? 딸기가 어디 있어? 원서 딸기 먹고 싶어?"

"아니… 딸기… 딸기…."

갑자기 애가 웬 딸기를 찾는담?

"여기 있잖아, 엄마."

그러고서는 누르는 게 바로 델리트 키…. '델리트 키'가 '딸기'로 변하는 순간이었다.(권경옥, 2009년)

12
뒤바뀐 페이지

저자 : "오후에 책을 받았는데 너무 잘 나왔습니다.
　　　표지 색감도 좋고 아주 마음에 듭니다. 감사합니다."
출판사 : "네. 마음에 드신다니 정말 다행입니다. 그럼….."

언제가 될지 모르지만 다음을 기약하며 통화를 끝냈다. 휴~ 또 제작 한 건을 무사히 마쳤구나.

그런데 며칠 뒤에 걸려온 한 통의 전화. 무슨 일일까. 왠지 불길한 느낌이 들었다. 수화기 너머로 들려오는 당황한 저자의 목소리.

저자 : "지금 책 들고 계시면 146쪽 한번 펴보시겠어요?"
출판사 : "네. 잠깐만요. 혹시 책에 무슨 문제라도….."
저자 : "146쪽 다음 몇 쪽이지요?"
출판사 : "146쪽 다음에 149쪽이 나오네요. 헉! 우째 이런 일이….."

페이지가 뒤바뀌다니. 말로만 듣던 제본 사고였다. 정합이 잘못된 것이다. 심장이 벌렁거렸다. 100여 권의 책을 만들면서 한 번도 없던 사고였는데. 죄인의 심정으로 연신 '죄송합니다'를 중얼거렸다. 당장 해결하겠다고 저자를 안심시킨 후 부리나케 제본소로 전화했다. 자초지종을 말하며 따지니 제본소 사장님도 당황하신 듯. 개학 앞두고 제작 물량이 넘쳐 급하게 작업하다 보니 제본 과정에 실수가 생긴 것 같다고…. 책을 모두 수거해 보내주면 표 안나게 수술해서 다시 보내주겠다고 한다.

휴~. 최악의 상황인 재인쇄까지 예상하고 있었는데 다행이었다. 순서가 뒤바뀐 종이 두 장 때문에 200쪽 가까이 되는 책 수백 권을 파지로 만들고 새 종이로 다시 만든다면 나무에게 너무 미안한 일이다.

인쇄고 제본이고 기계의 도움을 받긴 하지만 결국은 사람 손으로 하는 것이므로 실수가 나기 마련이다. 전전긍긍해봐야 이미 엎질러진 물. 마음을 편하게 먹기로 했다.

수술한 책을 저자에게 다시 보낸 며칠 후 또 한 통의 전화가 걸려왔다. 수화기 너머 저자의 목소리는 다시 예전의 따뜻한 톤으로 돌아가 있었다.

저자 : "어쩜 이렇게 감쪽같지요? 정말 표가 하나도 안 나네요."
출판사 : "네. 아무래도 전문가들이다 보니. 잘 고쳐져서 다행입니다."

휴~ 이번엔 진짜 한 건 마무리. 무사히 사고를 수습하고 납품도 끝내고 보니 제본소 사장님을 너무 닥달한 게 마음에 걸린다. 사람이 살다 보면 실수할 수도 있는 건데. 마음의 여유가 사람을 관대하게 만든다. 다음에 또 이런 사고가 나면 좀 더 너그럽고 능숙하게 대처할 수 있겠지.(권문경, 2010년)

13

보도자료 쓰는 날

오늘은 태풍이 정말 태풍처럼(?) 밀려오는 날이었다. 집에서 회사가 있는 사무실까지 걸어서 10분 정도의 거리임에도 불구하고, 우산이 까뒤집어지는 바람에 결국 택시를 타고 출근할 수밖에 없었다. 아저씨에게 2,200원이라는 거금을 주고 눈물을 흘리며 택시 문을 닫았다.

출근했더니 동료편집자는 자리에 보이지 않고 디자인 팀장님만 자리를 지키고 계시는 게 아니겠는가. 동료편집자들은 그때 근처 편의점에서 아침식사를 해결하는 중이었다고 했다.

산뜻하게 월요일 물류업무를 시작했지만, 평소와 다르게 월요일 주문이 그리 많지 않아 아쉬웠다. 우선 학교교재로 사용 예정인『무상의 철학』재쇄분부터 챙겨보기로 했다. 오후쯤 입고 예정이었던『무상의 철학』재쇄분은 다행히 오전에 입고되어 한숨 돌릴 수 있었다. 동명대 불교문화학과 사무실로 보내었으나, 택배사의 사정으로 내일 도착할지는 미지수이다. 모든 것은 하늘의 운명에 달려 있다.

오전 내내 타 출판사와 산지니의 기존 보도자료를 분석하고 『즐거운 게임』의 보도자료 작성에 나섰다. 『한산수첩』 보도자료

쓸 때와는 달리, 처음부터 내가 맡은 원고라 작성에 큰 무리는 없었지만 지금 와서 다시 읽어보니 개발새발이다. 편집장님의 마법의 손을 거치면 내 보도자료도 매끄럽게 탈바꿈하지 않을까? 그 전에 원문이 좋아야 하는데 큰일이다.

오늘 계획했던 것보다 보도자료 작성이 마침 빨리 이루어져, 주간지『시사인』도 읽고 계간지『창작과비평』도 읽으면서 이런저런 생각을 많이 했다. 특히『시사인』을 읽으며 내가 맡게 될 기획원고에 대해 구상하는 시간을 잠시 가져봤는데, 아직은 어떻게 구성해야 할지 알 수 없었다. 고민이 더 필요하다. 이번 주 태풍이 물러가면 도서관에 들러 더 구체적인 생각을 진척시켜봐야겠다.

그리고 보니 이제 입사한 지 다섯 달 정도가 되었다. 시간이 참 빠른 것 같다. 편집 실력이나 업무능력에 대한 성장 속도는 더딘데 어찌 이리 시간은 잘 가는지, 그저 쏜살같이 흐르는 시간의 덧없음에 아쉬울 뿐이다.

출판에 대해 배우려는 마음에서 선뜻 출판사를 선택했지만, 이곳에서 얻는 것은 출판에 대한 지식보다는 사람에 관한 부분인 것 같다. 저자와의 관계를 비롯하여 가장 중요한 것은 바로 보석과도 같은 산지니 식구들과 함께 사이좋게 일을 하며 지내게 되었다는 게 아닐까.

아무것도 모르고, 겁 없이 출판 업무를 시작하려는 내게 많은 도움을 준 산지니 식구들 모두 한결같이 고맙다. 이 힘을 받아, 오늘도 내일도 열심히 정진하는 내가 되겠다.(양아름, 2012년)

14

잡지 편집자의 변

물론 나는 잡지를 좋아한다. 대학 시절 보수동 헌책방에 가서 희귀한 잡지를 모으는 게 나름의 취미였고 도서관 간행물실에서 잡지를 읽으며 시간을 보내는 걸 좋아했다.

그러나 만드는 건 또 달랐다. 산지니에서는 계간비평지『오늘의 문예비평』을 발행하는데 우리는 줄여서 '오문비'라고 한다. 어쩌다 내가 오문비 담당 편집자가 되었다. 책을 만드는 것만큼 어려운 건 아니지만 사사로운 일들이 많다.

내가 하는 일은 잡지 편집위원들이 보내준 원고를 정리하고 편집하는 일이다. 거기다 광고와 구독관리, 발송업무 등을 맡았는데 잡지를 만드는 동안에는 나 혼자 독립된 사무실에서 일하는 것처럼 일의 리듬이 달라진다. 예전에는 계절이 바뀌는 환절기를 좋아했는데 잡지 만들 생각에 다가오는 계절이 무서워 슬금슬금 도망치고 싶은 생각이 든다.

잡지가 나오고 사람들의 발길이 드문 서점 문학잡지 코너에서 오문비를 발견한다. 문학이 외면받고 잡지가 팔리지 않는 시대에 꿋꿋이 발행되는 잡지를 보면 뿌듯하다가도 왠지 외롭고 쓸쓸해진다. 그러다 괜히 내가 엄살 부렸나 싶기도 하다. 한동안은 잡지

를 만들면서 환절기 감기처럼 끙끙 앓겠지만 그걸 견뎌내면서 나
는 좀 더 튼튼해지겠지.(윤은미, 2012년)

15
구구절절 늘어놓는
어느 신입 편집자의 푸념일지

"내려갈게요."

『레드 아일랜드』가 나왔다. 회사로 도착한 한 묶음의 책을 보니 마음에 여러 감정들이 얽히고설킨다. 뭐라 형용하기가 힘들지만, 굳이 그 감정들에게 가까이 다가가보자면 '책이다!'라는 기쁨, 뿌듯함, 그리고 그 감정들 너머 미안함, 부끄러움 등이 따라온다. 뭘까?

산지니에 입사하고 처음으로 받은 원고가 김유철 작가의 『레드 아일랜드』다. 『사라다 햄버튼의 겨울』을 재밌게 읽었던 터라 김유철 작가의 신작을 만난다는 약간의 흥분이 있었다. 『레드 아일랜드』는 제주 4·3항쟁을 배경으로 한 장편소설인데, 주요 인물들의 상황으로 전해지는 아픈 시대의 모습들이 선명하게 와 닿는다. 재밌다.

아뿔싸, 그런데 그 재미가 실수의 구덩이를 파고 있었을 줄이야. 쉭쉭 책장을 넘기다 보니 놓치는 부분이 많았다. 물론 나의 부족함도 실수에 한몫했으리라. 흥분과 재미는 곧장 긴장으로 바뀌었다. '읽은 페이지도 다시 보자!'는 마음으로 다시 한 번 더 단어 하나하나를 짚고 넘어가야 했다.

편집장님께 초교지와 관련해 피드백을 받으며 긴장은 자책의 순간으로 넘어온 것 같다. 사실 산지니에 들어오기 전, 다른 출판사의 독자모니터, 독자편집 등에 참여를 해오고 있었기에 '잘할 수 있다'는 자신감과 의욕이 있었다. 하지만 그 자신감은 와르르 무너졌고, 퇴근길에는 항상 자책과 위로를 오가는 별별 생각이 다 들었다.

순진했던 걸까? 멍청했던 걸까? 독자로서 마주한 책과 편집자로서 마주하는 책은 비슷한 듯하지만, 엄연히 다른 세계다. 나는 왜 첫 원고를 받아 든 후에야 그 사실을 생각하게 됐을까? 기본, 그것이 부족하다. 완성된 책 혹은 완성에 가까운 원고들은 만나봤지만, 날것에 가까운 원고와 마주하니 갈 길을 헤맨다. 글이 책이 되는 여정 동안 지표가 되어주는 것은 '기본'이라는 것을 느낀다. 편집장님의 권유로 편집 오답노트를 쓰고 있다. 자주 범하는 실수, 몰랐던 단어, 문법들을 쓰다 보니 겹치는 게 참 많다. 계속될 것만 같은 도돌이표, 편집의 노래는 끝나지 않을 것 같다.

『레드 아일랜드』가 나오기까지 그 사이사이에 막바지 작업이 진행된 원고들이 책으로 나왔다. 그 책들을 바라보며 불현듯 『레드 아일랜드』는 책으로 나올 수 있을까?' 그런 생각을 했다. 걱정이 되긴 됐나 보다. 편집장님께서 한 달의 휴가를 가신 동안 2교가 진행됐는데, 아마 그래서 더 그런 걱정하는 마음이 들었던 것 같다.

시간은 나의 걱정과는 상관없이 부지런히 흘러 여름의 절정에 바싹 다가왔다. 그동안 감정의 롤러코스터를 태운(주로 떨어지는 구간만 있었던 것 같은) 녀석이 드디어 제 모습을 보인다. 엄청 기쁜 마음으로 책을 들춰볼 것 같았는데, 조심스럽다. 천천히 표지를 살

지역에서 행복하게 출판하기

피고, 판권지, 차례, 본문을 열어본다. 일단 안도감이 돌고 나니 그때부터 서서히 기쁨이 번진다. 이후, 『레드 아일랜드』가 부산국제영화제 북투필름 후보작품으로 선정됐다는 소식이 전해졌다. 창비의 『트렁크』, 은행나무의 『극해』 등과 함께 아시아필름마켓에서 작품을 홍보할 수 있게 된 것이다. 이 소설의 단단한 이야기가 다른 분야로 줄기를 뻗어나갈 것을 기대하며 응원하는 마음으로 가을을 기다리고 있다.

사람이 하는 일에 감정이 섞이지 않는 일이 어디 있겠냐마는 책이 제작되어 나오는 순간까지 온갖 감정에 흔들렸다. '자책과 걱정을 채우며 한 번 두 번 이렇게 흔들리다 보면 튼튼한 뿌리를 가진 편집자가 되지 않을까?'라는 막연하고 어줍은 자위를 해본다.

그리고 다음 원고와 마주하자마자 나는 다시 감정의 롤러코스터에 다시 올랐다. (정선재, 2015년)

16
독촉전화

"강 대표, 내 책 언제 내줄 겁니까?"

"선생님, 조금만 기다려주십시오. 지금 사정이 별로 좋지 않아서요."

저자로부터 완성된 원고가 오고 책이 발행되는 데는 약간의 시간 편차가 있다. 몇몇 저자들은 인쇄소에서 잉크만 묻히면 책이 나온다고 생각하지만 결코 그렇지 않다. 출판사의 자금 사정, 이미 계약된 책들의 편집시간 등이 종합적으로 고려되어야 한다. 서점으로부터 수금이 잘되면 책을 내기가 편하지만, 요즘은 수금 또한 만만찮다.

오늘도 서점 두 곳을 방문했다. 한 서점에서는 판매된 금액이 없어 다음에 오라는 말을 들어야 했다. 그나마 다른 서점에서는 판매액의 일부를 받아 올 수 있었다.

책 발행 후 6개월 안에 5천 부 이상의 판매가 보증되는 실용기획을 추구하는 출판사들이 늘어나고 있다. 경제 상황이 어려워지면서 독자들은 점점 좋은 책들을 외면하고 있다. 출판사 입장에서도 좋은 원고라는 판단을 하면서도 판매에 확신이 들지 않는 경우는 순위가 뒤로 밀릴 수밖에 없다.

오늘 전화도 비슷한 사례다. 한 달 내도록 고민했지만 판로에 특별한 대책이 없다. 다른 걱정 없이 책만 잘 만들면 잘 팔리는 그런 기적(?) 같은 일은 벌어지지 않는 건가?(강수걸, 2009년)

17
직딩 1년 차,
새끼디자이너의 디자인일기

시각디자인학과에 입학을 하고 여름방학이 지난 후, 북디자이너가 되고 싶다는 생각을 처음 가지게 되었다. 워낙에 책 읽는 것을 좋아했고, 편집디자인에 흥미가 갔다. 여행서적이나, 레이아웃이 잘 정리된 책들을 볼 때 나도 이런 것들을 만들고 싶다는 생각을 했고 그래서 출판사에 들어가야겠다는 생각을 했다.(그 당시에는 많은 출판사들이 디자인을 외주에 맡긴다는 지식도 없었을뿐더러, 무작정 책을 디자인하고 싶으면 출판사에 가야 한다고 생각했다.)

그리고 시간이 흘러 4학년 2학기. 나는 산지니에 들어오게 되었다. 디자인을 공부하고 배우면서 많은 것들을 해왔다고 생각했지만 내가 쓰는 프로그램 툴은 너무도 한정적이었다. 그런 상태로 브로슈어나 카탈로그가 아닌 300페이지가 넘는 학술서를 작업하려 하니 처음엔 무엇을 하든 고생이었다.

그런 내가 어느덧 이곳에서 디자이너로 근무한 지 10개월. 조금 더 있으면 눈 깜짝할 사이에 1년이 지나 2년 차에 접어들게 되는데, 입사 초를 생각하며 그당시에 느꼈던 감정들을 적어볼까 한다.

입사한 후 나에게 주어진 첫 업무는 『차이나 인사이트』라는 책의 표지디자인이었다. 제목을 보고 난 후 여행서적인 줄 알고 속으로 너무너무 신이 났다. 진짜 중국으로 떠나고 싶게 역동적인 디자인을 해봐야겠다며 혼자 생각 중이었는데 표지 구상할 때 참고하라고 받은 원고를 보니 학술서가 아닌가. 아— 반전이었다. 책을 좋아했다지만 학술서는 거의 읽은 적이 없었는데 처음부터 난관이었다.(두 선배님과 동기편집자에게 이 이야기를 털어놨을 때 다들 엄청

웃었던 기억이 난다.) 모니터의 색 값과 책으로 나왔을 때의 색 값이 다른 것을 생각해야 하는 것도 문제였고, 학생 때는 생각지도 않았던 사진의 저작권도 문제였다. 어찌어찌하다 시안을 여덟 개 정도 잡았고 팀장님의 컨펌을 받으며 정리한 덕분에 첫 시안보다 조금 더 힘 있는 느낌의 표지디자인이 나왔다. 대학 시절 대외활동으로 포스터, 티셔츠 디자인을 만들어 결과물을 보던 것과는 또 다른 느낌이었다.

그 후에 『번개와 천둥』이라는 소설을 디자인하게 되었는데, 이번에는 본문디자인 편집과 표지디자인을 모두 맡게 되었다. 책마다 사이즈가 다르니 행간은 어느 정도로 할 것인지, 좌, 우, 위, 아래 여백은 얼마나 둘 것인지, 글의 처음 구성은 어떻게 할 것인지, 도비라 디자인은 어떻게 할 것인지 등 모든 것을 생각해야 했다. 너무도 흥미로웠다. 이 책의 표지는 혼자 써오던 캘리그라피를 제목에 처음으로 사용한 책이기도 해서 매우 의미가 컸다. 또한 담

당 편집자가 동기였기 때문에 표지를 구상할 때 편하게 이런저런 아이디어를 주고받았는데, 그것도 재미있었던 작업과정 중 일부다. 내가 원고를 받아 훑어본다 해도 가장 잘 아는 사람은 담당 편집자이기 때문에 그 이후로도 막연한 시점에는 틈틈이 편집자가 원고를 보며 느낀 생각들을 물어보고 참고하며 작업하게 되었다.

그리고 말도 안 되는 실수를 저질렀던 책이 있었으니, 그 책은 바로 『오늘의 문예비평』 95호이다. 비평잡지의 디자인을 맡게 되었는데, 원고들이 오기 전에 그 안에 실릴 광고들을 디자인하라는 지시를 받았다. 열심히 광고 시안을 만들고 컨펌을 받고 지적사항을 수정했다. 그리고 본문 조판이 다 된 후에 광고가 들어갈 페이지마다 광고시안을 넣고, 최종 확인 후 제작에 들어갔다. 그리고 내가 만든 첫 잡지가 나왔는데! 세상에나— 한 광고 면에 이미지가 크게 들어가야 하는 책이 콩알만 하게 들어가 있는 것이었다. 그 당시에 정말 손이 그렇게 떨릴 수가 없었다. 내가 실수를 하나

하면 그렇게 실수한 대로 몇백 부씩 책이 찍혀 나온다는 끔찍함을 맛본 그 이후로는 출력용 파일을 이전보다 훨씬 꼼꼼하게 확인하게 되었다.

그렇게 나의 10개월은 생각보다 너무 빠르게 흘러갔다. 점점 업무의 양도 늘어나고, 나의 손을 거쳐 나오는 책들도 늘어가며 한 권 한 권 집에 들고 가 책꽂이에 정렬할 때마다 뿌듯함도 배가되는 것 같다. 아직은 신입 딱지도 못 떼고 실수투성이에 수정을 몇 번씩 거치는 나이지만 언젠간 노련함이 묻어나는 디자이너로서 더 좋은 결과물들을 잘 만들어낼 수 있겠지.(박지민, 2015년)

18

첫 책은 이랬어

다른 출판사 편집자들과 모임이 있었다. 편집자 모임이라고 하지만 친한 지인들과 함께한 소박한 술자리였다. 그들은 내가 부산에서 서울까지 왔다고 환대해주었고 당연한 순서처럼 그들만의 아지트인 막걸리 집으로 안내했다. 가게 안의 불빛은 유난히도 노래, 앉기도 전에 취기가 오르는 듯했다. 불빛 때문인지 우리는 흥에 겨워 두서없이 대화를 이어갔고 우연히 첫 책에 대한 이야기가 나왔다. 행운인지 불행인지 그중 한 편집자의 첫 책을 내가 읽었다는 걸 알게 되었다. 사람들은 신기해하며 박장대소를 했고 그역시 믿기 어려운지 내가 책 이름을 말했음에도 작가명과 출판사등을 대며 재차 확인했다. 당사자는 점차 눈시울이 붉어지면서 눈가가 촉촉해졌다.

출판된 책을 읽은 게 특별한 일이냐고 하겠지만 그 책은 아주두껍고 무겁고 어렵고 비쌌다. 편집자조차 많은 독자를 바라지 않은 책, 그러나 처음 입사하고 아무것도 몰랐던 자신에게 주어진원고라 왠지 부끄럽고 미안하다 했다.

나의 첫 원고도 그랬다. 두툼한 의학서였는데, 번역자 말로는 정신의학을 공부하는 학생들에게 꼭 필요한 교재지만 의학서이고 방대한 분량 때문에 여태 국내에는 번역되지 못했단다. 역자가 정신과 의사이면서 부부인데 매일 밤 조금씩 번역하며 완성했다고 했다. 그렇게 사연 많은 원고가 내 책상 위에 던져졌다.

첫 원고라 의욕이 넘쳤지만 당연히 이해하기 어려웠다. 번역서라 읽는 게 매끄럽지 않은데다 의학서를 읽는 내 머리도 뱅글뱅글 돌았다. 신입사원이라 긴장도 됐을 텐데 원고만 읽으면 졸음이 몰려왔다. 이해가 될 때까지 읽고 또 읽어가면서 앞서 편집장님이 교정한 부분을 보며 글을 고쳐나갔다. 만약 내가 독자라면 읽고 싶은 부분만 읽었겠지만 편집자이기에 그럴 수 없었다. 차츰 편집자는 읽고 싶은 글만 읽을 수 없다는 현실을 깨닫기 시작했다.

그래, 다음은 조금 쉬울 거야, 했지만 인생은 시험의 연속이었다. 비슷한 시기에 작업한 또 다른 원고는 부산 여행서였다. 부산에 살면서 내 고향이 관광지라고 느끼지 못했는데 부산 여행서라니. 여름이면 바다를 보러 외지 사람들이 밀려오지만 나는 그저 사람들이 몰리는 곳이라 치부했다. 더군다나 이 책은 출판사가 시청

과 협약을 맺은 책으로, 작가와 시청 관계자 그리고 출판사 모두의 의견을 적절히 조율할 필요가 있었다. 작가와 수없이 통화하고 시청에 수시로 드나들면서 원고와 동분서주하는 편집자의 슬픈 미래를 예감했다고 할까.

어김없이 출간일은 다가오고 원고는 다시 책으로 태어난다. 원고가 책이 되는 과정을 겪으면서 나 역시 독자에서 편집자로 변해 갔다. 읽고 싶은 책만 읽겠다고, 만들고 싶은 책만 만들겠다고 남몰래 피워온 고집을 들켰을까 봐 그 시절에 만난 책들에게 미안하다. 다행히 새로운 세상에 대해 호기심이 생겼고, 낯선 이야기에 좀 더 귀 기울이기 시작했다. 나에게 첫 책들은 앞으로 펼쳐질 새롭고 낯선 이야기에 미리 겁먹지 말라고 차근히, 그러나 호되게 가르쳐주었다.(윤은미, 2015년)

19
책의 유통기한

출근을 하니 직원들 얼굴이 어둡다.

"무슨 일 있어요?"

"창고에 반품도서가 250권이나 쏟아져 들어왔어요."

한 달에 두 번 정도 거래서점에서 반품도서가 들어오는데 이번에는 양이 좀 많다. 유통하고 있는 책 종류가 50종에 이르다 보니 반품도서 숫자도 점점 늘어난다. 반품도서는 우리 출판사뿐만 아니라 모든 출판사들의 고민이다.

쌓여만 가는 책들

판매가 부진하다 보니 출판사들은 다품종 소량생산 전략으로 나가고 있다. 그런 전략 탓에 이번 주에는 전국에서 신간이 270종이나 발행되었단다. 하지만 책이 출간돼 서점 매대에 진열되는 시간은 점점 줄어든다. 서점은 서점대로 온라인 서점에 치이다 보니 팔리는 책 외에는 즉시 반품을 실시하는 것.

창업할 즈음 서울에 있는 지인의 출판사를 방문한 적이 있다. 쌓여 있는 책에 둘러싸여 일할 공간도 부족해 보였는데 지금 우리 사무실이 그 지경이 되어가고 있다.

책의 유통기한이 늘어날 수 있는 방법은 없을까? 부패해서 못 먹는 음식도 아닌데 말이다. 책이 일용할 양식이라 하는데 말이다.(강수걸, 2009년)

20
‘브라질’을 통해
산지니에 입사한 사연

산지니에 입사한 이후 원고 수신부
터 출간 후 홍보까지 담당한 첫 책이
『브라질 흑인의 역사와 문화』입니다.
　입사하게 된 것도 ‘브라질’을 통해
서였으니 이 책을 담당하게 된 것은
당연한 것일까요. 편집장님께서 ‘방
금 원고가 하나 들어왔으니, 담당하
고 싶다면 알려달라’고 하셨을 때, 저
는 전달받은 파일명을 스캔하고는

바로 “제가 맡고 싶습니다”를 외쳤습니다.
　출판학교도 국문학과도 아닌 ‘브라질’을 통해 출판사에 입사하
신 국내 편집자분, 또 계신가요?
　제가 구직활동을 하던 당시 제출한 산지니 입사지원 서류 중에
는 ‘산지니에서 나온 책에 대한 리뷰’라는 것이 있었습니다. 이 글
을 쓰기 위해 산지니의 출간목록을 훑다가 눈에 띈 것이 『브라질
광고와 문화』(이승용 지음)였습니다.
　『브라질 광고와 문화』는 광고를 문화의 창으로 삼아 브라질을

소개하는 책입니다. 광고는 보는 이의 시선을 사로잡아 함축적으로 메시지를 전달하는 매체이기에 생소한 주제에도 책을 어렵지 않게 읽을 수 있었고, 저자의 분석은 광고를 이루고 있는 상징들의 지역문화적 배경, 즉 문맥을 짚어주어 그 다중적인 의미들을 파악할 수 있게 했습니다. '상징들의 지역문화적 배경', 이것이 간단히 말해 제가 공부한 문화인류학의 연구 대상입니다. 어쩌면 인류학은 가장 문학적인 사회과학일지 모릅니다. 인류학자 클리포드 기어츠는 문화를 "텍스트의 앙상블"로, 인류학 연구는 "그 텍스트들을 마땅한 주인인 이들의 어깨너머로 읽어내려 하는 것"이라 정의하기도 했지요.

어쨌든 여기서 중요한 것은 『브라질 광고와 문화』가 독자들이 브라질 사회의 문맥들에 대해 얼추 감을 잡을 수 있게 하는 책이고, 책에 실린 광고들을 스스로 문맥에 넣어 읽어보는 것도 쏠쏠한 재미라는 겁니다. 예를 들어 저는 책에 나오는 초콜릿 광고를 보며 이 광고에서 백인 모델은 정면을 직시하며 우리와 얼굴을 마주하고 있는 반면, 왜 흑인 모델은 등을 돌려 엉덩이의 윤곽을 드러내는 자세로 등장하는지 궁금했습니다. 저자는 한 각주에서 '프레이리'라는 브라질 학자를 인용하며 브라질의 상징 중 하나는 여성의 엉덩이라고 하는데, 프레이리는 이를 "과거에 (…) 농장에서 안주인 역할 또는 보모 역할을 하던 흑인 여성들의 엉덩이에 대한 느낌 때문"이라 주장합니다. 백인 모델은 광고를 보는 이와 시선을 맞추고 있어 이후 다른 광고에서도 그녀를 알아볼 수 있겠지만, 흑인 모델은 얼굴이 드러나지 않아 특정한 개인이라 할 수 없는 '몸'일 뿐입니다. 오랜 시간 지속된 브라질의 노예제도로 인해 브라질의 흑인 여성들이 어떠한 맥락 안에서 살아가게 되었는지 짐작해볼 수 있는 광고였습니다.

『브라질 광고와 문화』를 읽으며 브라질의 다인종 사회에 대한 호기심이 생겼다면, 『브라질 흑인의 역사와 문화』를 편집하면서는 제가 가진 궁금증을 풀어나갈 수 있었습니다. 이를테면, 과거에 저는 브라질 사람 하면 모델 지젤 번천이나 축구선수 호날두처럼 인종을 딱 짚어 말할 수 없는, 서구형 얼굴에 구릿빛 피부를 가진 사람들만을 떠올렸습니다. 그런데 『브라질 흑인의 역사와 문화』는 브라질의 역사와 정체성에는 모두 흑인이 있다고 말하고 있었습니다. 축구, 삼바, 커피와 같이 우리가 브라질의 대표적인 문화나 상품으로 알고 있는 것에는 모두 브라질 흑인의 삶이 담겨 있는데, '브라질 사람'이라 할 때 흑인이 떠오르지 않는 것은 왜일까요?

1920년경 브라질의 국가적 이데올로기로 대두하여 여전히 큰 영향을 끼치고 있는 '인종 민주주의'는 브라질을 아프리카인과 유럽인, 그리고 원주민 인디오의 혼혈로 유래된 동질적이며 단일한 문화를 지닌 국가로 정의합니다. 그러나 저자 이광윤 교수는 이러한 혼혈 브라질인의 탄생에는 '백인화'의 논리가 자리 잡고 있다는 점을 강조했습니다.

> "중장기적으로 혼혈화가 진행되면 될수록 브라질은 백인화가 이루어질 것이기 때문에 혼혈화야말로 백인화를 향한 길이라고 생각하였다. 흑인과 인디오라는 열등 인종이 브라질 국민들에게 남겨놓은 표식을 가장 진보한 인종인 '백인'이 개선할 것이라고 믿었던 것이다."
> (174쪽)

책을 편집하면서 저는 브라질이 우리나라에 버금가는 성형 대국이라는 소식을 접하고 놀랐습니다. 피부 표백, 콧방울을 좁히는 성형 등 생김새를 '백인화'하는 성형이 특히 인기라고 하네요. 문득 우리나라에서의 '아름다움'의 추구에도 백인 우월주의 논리가 자리하고 있지 않은가 하는 의문이 들었습니다.

이처럼 『브라질 흑인의 역사와 문화』는 저에게 너무나 흥미진진한 책이었습니다. 그렇지만 우리나라 사람들에게 지구 반대편에 있는 나라에서 일어나는 인종차별에 대한 이야기는 너무나 '쓸데없는' 것이 아닐까 고민하지 않을 수 없었습니다.

300년이라는 브라질의 긴 노예제 기간 동안 흑인들은 그들의 노동력, 즉 '쓸모'라는 단 하나의 척도로 평가되며 인간이 아닌 '상품'으로 거래되었습니다. 그로 인해 부모와 자식은 헤어져야 했고, 말도 통하지 않는 곳에서 아프리카 각지에서 온 흑인들은 그들을 가축으로 부리는 백인들의 감시하에 살아야 했습니다. 그들의 역사와 문화를 다룬 책에 대해 이런 생각을 한다는 건 사실 참 아이러니하고, 또 부끄러운 일입니다.

출판은 판매율과 생산성을 외면할 수 없는 상업이지만, 동시에 이윤과는 다른 척도에서 '가치'를 생각하기를 권장받는 일이라고 생각합니다. 책이라는 물건은 이렇게 그것을 만드는 이들이 '가치'와 '쓸모'의 균형을 업계의 대표적인 논점 중 하나로 삼는다는 점에서 특수한 것 같습니다. 다른 말로, 제 생각에 우리는 라면이나, 쓰레받기나, 아파트와 같은 다른 '상품'에 대해서도 이런 논의를 할 수 있지만, 이를 생산하고 판매하는 사람들은, 그리고 그것들을 소비하는 사람들은 이러한 고민을 출판계와 독자들만큼 대놓고, 밥 먹듯 하지는 않는 것 같습니다.

저는 책을 좋아한다는 뻔한 이유로 편집자에 지원했습니다. 그리고 지금은 가치와 쓸모에 대한 긴장감을 다른 이들과 공유하고, 이에 대한 대화에 참여할 수 있기에 편집자가 되길 잘했다는 생각이 듭니다. 이제 겨우 1년차, 애송이 편집자라 산지니가 지나온 10년의 세월을 가늠할 수 없습니다. 그렇지만 산지니가 10년, 20년 이 고민을 더 이어나갈 수 있기를 바랍니다.(문호영, 2015년)

21
마지막 교정지

디자이너가 매킨토시 편집을 마친 마지막 교정지를 책상 위에
올려두었다. 내일이면 출력실에 데이터를 넘겨야 한다. 그런데 글
자가 눈에 잘 들어오지 않는다.
"오늘 안으로 다 봐주세요."
편집자의 독촉이다.

다시 교정지로 눈을 돌린다. 마지막 교정지라 더욱 집중력이 필
요하다. 오타라도 나지 않았는지, 잘못된 글귀는 없는지, 책이 나
오는 순간까지 마음을 졸이게 된다. 지난번에는 바코드를 빼먹고
인쇄하는 바람에 부랴부랴 스티커를 제작하느라 진땀을 흘리기도

했다. 오늘 안에 모두 봐야 한다고 생각하니 머리가 더 아프다. 혈압 때문인가?

"140에 100. 운동 안 하니까 안 내려가지."

아침마다 혈압을 재주는 아내가 오늘 아침에 핀잔하듯 던진 말이다. 몇 달 전 고혈압 진단을 받은 후 아내는 바로 헬스 이용권을 끊어주었다. 그마저도 두 달여를 다니다가 흐지부지되었다. 아내의 잔소리는 이어진다. 모든 일에 정성을 들여야지 왜 그러냐고.

맞다. 책을 만드는 일에도, 건강을 챙기는 일에도 제일 중요한 건 정성이다. 그게 말처럼 쉽지 않다는 게 문제긴 하지만.(강수걸, 2009년)

22
아름다운 관객이 되는 법

취미가 직업이 되는 삶을 꿈꾸었다. 혹자는 취미가 일이 되면 고통과 괴로움의 연속일 것이라 충고했었지만, 내 생각은 좀 달랐다. 내 취미는 독서였고, 나는 그 취미가 직업이 되어 글을 편집하는 일을 하고 있다. 어쩌면 지금부터 내가 하려는 모든 이야기는 현재 내 모습의 정당성을 인정받기 위한 변명이라 보아도 무방하리라.

얼마 전, 빅토르 위고 원작의 영화 〈레 미제라블〉을 관람할 기회가 있었다. 영화의 전체적인 줄거리나, 메시지, 이념, 사유와 같은 종합적인 면은 잠시 논외로 하고, 무엇보다 나를 사로잡았던 한 등장인물에 대한 이야기를 먼저 꺼내고 싶다. 바로 주인공 장 발장의 대척점에 서 있는 제라드 경감이다. 영화 속 악역의 이미지를 그대로 재현하고 있는 그이건만, 이상하게 그는 할리우드 블록버스터의 평범한 악역처럼 작위적인 '악'의 대변자라고 여겨지지 않았다. 아마 내가 제라드 경감과도 같은 상황이었더라도 나 또한 내 정당성을 인정받기 위해 부단히 고뇌하고 내 자신과 싸웠으리라. 내가 믿는 가치관이 과연 '선'일까, 잘못된 가치관을 내 스스로 '정의'라고 착각하고나 있지는 않은가 하면서. 영화관을 떠난 직후에도 제라드 경감으로 분했던 러셀 크로우의 모습이 뇌리에 각인되어 내 질문은 대답을 유보한 채 지금껏 이어지고 있다.

이를테면, 이런 것이다. 삶이란 게 어디 주인공만 등장하는 모노드라마이던가. 나는 내 삶의 주인공일지언정, 넓게 바라보면 이 사회 속 주인공이라 할 수 없는 주변부 인생에 불과하다. 주인공을 꿈꿨던 나였지만, 결국 나는 관객 역할에 충실하고자 결심한다. 비록 무대 위의 화려한 배우는 아닐지라도 관객 나름의 삶의 재미를 찾기로 한 것이다. 이것이 제라드 경감이 찾지 못한 내 삶의 정당성이라고 규정한다면, 너무 과장된 비유인 걸까.

크게 주목받지 못했던 나의 어린 시절을 되돌아보건대, 난 참으로 '뜨고' 싶었다. 자라서 꼭 출세해야겠다는 생각으로 성인이 되기만을 기다려왔던 것 같다. 대학졸업 후 처음 취직한 곳은 한 의류회사였는데, 그곳에서 처음 내가 배운 것은 '나는 결코 주인공이 아니다'라는 자각이었다. 의류회사에서 옷을 만드는 것은 순전히 디자이너의 재능과 영감으로만 도출되는 작업이 아니다. 우선 회사에 들어가자마자 이 일들이 영업자, 패턴사, 마케터, 소재 가공업체, 옷을 판매해줄 유통업체들의 모든 협업으로 이루어지는 사업이라는 사실을 깨달았다. 그렇게 좋은 사람들을 만나 값진 경험을 했고, 많은 것을 배웠지만 마음 한쪽은 늘 불편하기 짝이 없었다. 그것은 바로 내가 입지도 않을, 입을 수도 없는 옷을 만들고 있다는 사실이었다. 영혼이 없는 물건을 만든다는 느낌이랄까. 결국 극심한 우울감 속에 입사한 지 일 년을 채 못 넘기고 사표를 썼다.

백수 기간은 짧게 끝나지 않았다. 그동안 많은 책을 읽을 수 있었고 내 자신에 대해 깊게 생각해볼 여유를 되찾아 행복했던, 그야말로 즐거운 시절이었다. 그러다 만난 게 바로 산지니 입사 공고였다. 이미 여러 차례 기업의 문을 두드렸다 낙방한 터라 좌절감이 컸지만, 서울이 아닌 출판사여서 더욱 간절했는지 모른다. 서류합격 발표가 나자마자 면접을 대비해서 인터넷에서 '산지니'와 '강수걸 대표' 이름으로 관련 자료를 모조리 검색해 출력하고는 기사마다 줄을 긋고 공부 아닌 공부를 시작했다. 내 간절함이 통했던 걸까. 지금 내가 이렇게 산지니 편집부의 일원이 되어 옛일을 생각하는 글을 쓰며 웃을 수 있으니 말이다.

경제 활동의 모든 과정에는 인간의 행위가 담겨 있다. 내가 일을 하고 돈을 받고 소비하는 일련의 과정 속에 단 한 번도 '행복'의 가치가 없는 무미건조한 인생이라면, 그만큼 불행한 일도 없을 것이라고 생각한다. 그런 점에서 나는 내 삶의 정당성을 이렇게라도 찾고 싶은 바람을 갖고 있다. 나는 주인공은 아니지만 아름다운 관객이며, 또한 행복한 가치를 추구하는 와중에 '책 만드는 일'을 하고 있는 편집자라고. 어쩌면 여기 이 출판사를 비추는 짧은 단막극 속에 악역으로 등장할 수도 있을 것이다. 하지만 〈레 미제라블〉 영화 초기에 등장했던 '예스맨' 타입의 제라드 경감이 되고 싶지는 않다. 늘 고민하고 내 주체성을 되찾기 위한 삶을 살겠다. 어려운 말이지만 앞으로 내가 해야 할 과제이기도 하다. 그렇다면 내가 생각하는 이상적인 내 모습은 어떤 것일까? 아름다운 관객이 되기 위해서는, 주어진 관객 역할에 충실해야 할 텐데 말이다.

지역에서 행복하게 출판하기

앞서 말했듯, 내 취미는 독서였다. 글 읽기를 좋아했던 한 소녀가 자라 편집자가 된 이상적인 삶을 살아가는 요즈음이다. 우선내가 내린 결론은 이러하다. 책 읽기에서 느꼈던 즐거움을 그대로 느낄 수 있는 즐거운 '책'을 만들고 싶다. 책 표지만 봐도 미소가 떠오르고 종이결 하나하나에, 활자 하나하나에 내 사유의 흔적을 아로새길 수 있는 그런 책. 누구나 그런 책 하나쯤 기억에 남아 있지 않은가. 내 경우 사계절 출판사에서 출판한 『고민하는 힘』이 그랬다. 돈에 관하여, 사람 사귐에 관하여, 사랑에 관한 강상중 선생님의 고민이 오롯이 담겨 있는 그 책에 밑줄을 긋고 형광펜으로 낙서하고 메모하기까지, 내게 책이란 그런 손에 잡히는 물질적 의미에서의 '책'으로 아직도 추억되고 있다. 누군가의 사유를 흡수하고 감동받는 책 본연의 목적으로 기능하는, 그런 책들을 많이 만들고 싶다.

둘째로 독자와 소통하는 산지니의 편집자가 되고 싶다. 편집자는 주로 정적인 활동 안에 갇혀 있다. 온종일 원고와 컴퓨터 모니터 앞에서 움직임 없는 생활을 지속하다 보면 집중이 잘 안 될 때가 많고 그럴 때는 교정의 감을 못 잡고 방황하기가 일쑤다. 그런 점에서 우리 출판사에서 매월 진행되는 '저자와의 만남' 행사 준비는 가장 행복한 업무 중 하나이다. 평소 교류가 잘 없던 저자와의 만남의 장이기도 하거니와, 실제로 만나보기 힘든 독자들의 생생한 목소리를 들을 수 있는 그야말로 '독자와의 만남'이기 때문이다. 요즘은 '저자와의 만남' 행사뿐 아니라 블로그, 트위터, 페이스북을 통한 SNS 도구로도 독자를 만나는 일을 게을리하지 않고 있다. 이처럼, 저자와 독자를 이어주는 가교로서의 편집자 역할 또한 톡톡히 해내고 싶다.

사람들이 책을 읽지 않는 시대 속, 편집자로 살아간다. 누군가에 게 책을 권하는 일을 끔찍이도 싫어하는 나였기에 독자들에게 책을 사라는 말조차 쉽게 하기 힘들다. 다만, 내가 각성해야 할 사실은 이 글을 읽고 있는 누군가가 돈을 주고 살 만큼 가치 있는 책을 편집하자는 것이다. 독서문화가 점차 기형적으로 변화하고 있는 이유는 어쩌면 정부 탓도, 독자 탓도, 특정한 그 누구의 탓도 아닐 것이다. 책을 사랑하는 '진심'만 존재한다면 과거를 되새기는 추억의 책으로서, 그리고 미래를 만들어나갈 개척의 책으로서 책의 기능은 아직 유효할 테니, 편집자로서 좀 더 책을 사랑하고 많이 읽어야겠다고 다시 한 번 다짐해본다.(양아름, 2013년)

23
아내의 빈자리

아내가 집을 나갔다. 그것도 한 달 동안이나.

20년의 결혼생활 동안 일주일 정도의 짧은 여행은 있었지만 이렇게 장시간 집을 비우긴 처음이다. 그간 아이들 때문에 엄두를 못 냈지만, 이번에는 큰 결심을 한 것이다. 고등학교 2학년 큰아들과 초등학교 3학년 막내아들은 엄마의 부재가 걱정이다. 엄마의 밥상에 익숙한 큰아들은 먹는 문제를 걱정한다. 막내아들은 학교 숙제는 누가 봐주느냐고 불만을 토로한다. 그럼에도 불구하고 아내는 외국으로 출국하여, 한 달간 나와 아이들과 이별하였다.

2005년, 처음 출판사를 시작했을 때는 일이 없어서 문제였다. 10개월이나 지나서야 첫 책이 나왔다. 하지만 이후 10년 동안 출판사를 함께 운영하면서 우리 부부는 일 속에 파묻혀 살았고 교정, 교열에 회계 업무까지 도맡아 하던 아내는 더 힘들어했다. 그러다가 출판사 10년 차를 맞이하면서 올해 처음으로 도입한 '5년 근속 한 달 유급휴가 제도'를 아내는 즉시 실행에 옮긴 것이다. 출국 전, 자리를 비우게 될 한 달 동안의 회사업무를 미리 처리한다고 정신없이 시간을 보냈고, 전자계산서 발행 등 필수 업무 요령을 나에게 가르쳐주었다.

아내에게 한 달 휴가를 주겠다고 했을 때는 한 보름 여행하고 돌아와 보름 정도는 집에 있겠거니 생각했다. 하지만 웬걸, 아내는 인터넷으로 제일 싼 유효기간 1개월짜리 항공편을 검색하더니 한 달을 꽉 채워서 발권까지 해버렸다. 예상을 뛰어넘는 저돌성이라니. 이제 와서 가지 말라고 할 수도 없고.

한 달은 빠르게 지나갔고 아이들은 빨리 적응하였다. 큰아들은 스스로 먹는 문제를 해결했다. 학교를 마치고 집에 오는 길에 빵집에 들러 자기가 먹을 빵을 샀다. 막내아들은 학교 준비물을 먼저 챙기고 필요한 것을 사러 가자고 아빠에게 요구하였다. 친구하고 논다고 정신없이 보내면서도 엄마가 부재한 자리를 스스로 채우고 아빠와 함께하는 시간을 늘렸다.

그리고 막내아들은 엄마한테 인터넷으로 편지를 보낸다. '엄마 뭐해? 나 너무 심심해 놀고 싶은데 엄마, 새로 치킨집 생긴 거 알아? 사람 진짜 많더라고. 엄마! 오늘 정말 힘들어. 그래도 자장면이랑 책이 있어서 다행이야. 엄마! 나 잘 지내고 있어.(형아 땜에 짜증 나기도 해) 나도 비엔나 가고 싶어. 나 꿈에 클래시 오브 클랜 꿈꿨당! 요기 새로 생긴 치킨집 냄새가 완전 대박이야. 또 편지 쓸게! 근데 수학 답지가 대체 어디에 있는 거야? 엄마, 아빠가 이상해. 엄마 빨리 왕♡.'

수학 문제를 풀 생각보다 답지를 찾는 막내아들의 메일에 엄마는 스스로 문제를 풀라고 응답한다. 목욕을 함께 가고 손톱과 발톱을 아빠가 다듬어주자 막내아들은 좋아한다. 증조할아버지 제사에 가서 절도 하고 할아버지로부터 용돈을 얻자 매우 흡족해한다. 엄마랑 보내는 시간을 더 좋아하던 아들이 아빠랑 보내는 시간이 늘면서 자연스럽게 아빠하고 마음을 맞춘다.

드디어 아내가 귀국하는 날이다. 딱 한 달 만이다. 태풍의 간접 영향으로 비행기의 결항이 많았지만, 베이징발 비행기는 무사히 김해공항에 도착하였다. 오랜만에 가족이 함께 모여 밥을 먹는 자리에서 엄마의 부재가 만든 곤란한 한 달에 대한 다양한 이야기가 재미나게 전개된다. 부재로 인해 그 자리가 소중한 걸 알게 되는 가족의 모습이다. 우리는 일상을 바쁘게 보내면서 가족의 빈자리를 생각하지 못한다. 짧은 기간이었지만 엄마의 자리, 아내의 자리의 소중함을 느낀 시간이었다.(강수걸, 2015년)

24
어린이집 책 읽어주기

막내가 다니는 어린이집에 가서 매주 수요일 책을 읽어주기로 했다. 세 살, 네 살, 다섯 살 꼬맹이들한테 무슨 책을 읽어줘야 하나… 부터 시작해서 살짝 고민도 되고, 약간 설레기도 하고… 시립도서관에 가서 그림책만 일곱 권을 빌려놓고 고민했다. 어느 게 좋을까?

그런데 고민할 틈도 없이 아이의 주문이 막 들어온다. 이 책, 저 책 읽어달라고… 지금까지 민영이 엄마가 책을 읽어줬었는데, 이제 엄마가 읽어줄 거라니 신이 났나 보다. 월요일부터 "엄마 수요일에 읽어줄 거지?" 하더니 어제는 "내일 읽어주는 날이지?" 하고 기다린다. 그리고 어떻게 해야 하는지 막 가르쳐준다.

"먼저 엄마, 책은 안 보이게 숨겨가지고 와야 돼. 그리고 무슨 책일까? 물어보고 짜잔~ 하면서 꺼내는 거야. 민영이 엄마처럼…."

"민영이 엄마가 그렇게 했어?"

"응. 그리고 다 읽으면 '다음에 또 읽어줄게' 해야 돼."

"알았어, 알았어."

드디어 오늘, 첫날이다. 시간 맞춰 어린이집에 가니 선생님께서 반갑게 맞아주시며 따끈한 커피까지 타주신다.

드디어 친구들이 다 모였다. 10명 남짓이다. 원서는 엄마 무릎을 떠나지 않고 있다가 친구들과 함께 앉으라니 맨 앞자리를 차지한다. 먼저 『엄마를 잃어버렸어요』를 꺼내 들었다. 순간 아이들 눈이 반짝반짝 빛나고, 조용~ 해진다. 제목을 읽어주니 초현이가 대뜸 "우리 수현이 언니도 엄마를 잃어버린 적 있는데…." 한다. "그래? 그럼 이 책에는 누가 엄마를 잃어버렸는지 한번 보자." 하고 시작했다. 부엉이 아기가 나무에서 졸다가 떨어져서 엄마를 잃어버리는 내용인데 아이들이 흥미진진하게 바라본다. 지나가던 다람쥐 아줌마가 엄마를 찾아주려고 묻는다.

"너네 엄마 어떻게 생겼는데?"
"덩치가 아주 커요. 이만큼요." 하고 양팔을 쫙 벌려 보인다. 아이 눈에는 엄마가 다 아주~ 커 보이는가 보다. 다람쥐 아줌마는 알겠다면서 아이를 데리고 간다.

"엄마 저기 있네?" 하고 가리킨 것은 바로 곰이다. 이 장면에서 아이들에게 "엄마 맞아?" 하고 물어보니 재미있다는 듯 웃으면서 도리도리 고개를 젓는다. "우리 엄마 귀가 쫑긋쫑긋해요."라는 아기의 말에 토끼한테 데려가고, "우리 엄마 눈이 부리부리해요." 하는 말에는 개구리한테 데려간다. 아이들은 연신 아닌데, 아닌데, 하면서 흥미진진하게 책을 들여다본다. 마지막으로 개구리가 "네 엄마가 너 찾고 있더라." 하면서 엄마를 찾아주었을 때는 모든 아이들이 안도감에 고개를 끄덕거린다.

마지막 장면이 재밌다. 부엉이 엄마가 고맙다는 표시로 개구리, 다람쥐를 불러 차를 대접한다. 그런데 우리 부엉이 아기, 옆에서 또 꾸벅꾸벅 졸고 있다. 또 떨어지면 어쩌지?

다 읽고 나니 초현이의 감탄사가 나온다.

"야!! 재미있다~"

재미있게 들어줘서 아줌마가 더 고마워, 얘들아.(권경옥, 2011년)

25
『즐거운 게임』 편집을
마무리하며

박향 선생님의 소설집 작업이 마무리로 들어간다. 인디자인 편집본 교정을 끝내고, 최종 교정을 위해서 박향 소설가께서 조퇴까지 감행하시며 출판사 사무실로 방문하셨다.(박향 작가님은 현직 초등학교 교사로 재직 중이다.) 항상 느끼는 거지만, 작가님은 책 날개에 들어가는 사진보다 실물이 더 예쁘신 것 같다.

개인적으로 「지브라」와 「요괴인간」을 가장 재밌게 읽었는데(「요괴인간」은 장르소설적 재미까지 갖추고 있어 더욱 내 취향!), 선생님께서는 처음에 소설집에서 제외할 생각이셨다고 하니 작가의 애정이 독자의 애정과 항상 비례하지 않는 듯하다.

뭔가 알 듯 모를 듯 소설집 속 이질감이 가득 느껴졌던 소설 「요괴인간」. 그럼에도 「요괴인간」은 할머니가 베라로 변할 때 내 머릿속에서 마치 영화 속 화면이 연출되는 듯한 착각에 빠질 정도로 꽤 괜찮은 소설이었다.

벰 베라 베로!!

산지니 입사와 함께 원고 검토로 주어졌던 박향 작가님의 소설집이 이렇게 마무리되는 듯해 시원섭섭하다. 사실 처음부터 내 담당 원고는 아니었지만, 소설집의 첫 시작인 「자연의원」에서의 낯설음이 「요괴인간」 속 두 주인공 현제와 제현이의 방황으로 자연스레 마무리되는 듯해 기쁘다.

「요괴인간」은 처음에는 그렇게 끌리던 소설은 아니었는데, 읽다 보니 어느새 어린 주인공들의 방황이 소설 속에 녹아들어 내 어린 지난 시절을 반추하게끔 하는 마력도 갖고 있는 것 같다. 소설 속 양념 같은 할머니의 매력도 잊을 수 없고 말이다.

이번 주말, 가출을 꿈꿨던 두 주인공처럼 대학시절 단짝이었던 친구와 템플스테이를 떠난다. 산속으로 고요히 침잠해서 일상의 번잡함을 잊을 수 있는 주말이 되길, 바라본다.(양아름, 2010년)

26
책 읽어주는 아빠

다섯 살 원서는 틈만 나면 책을 읽어달라고 조른다. 그만한 나이의 아이들이 다 그렇듯 말이다. 오늘은 엄마, 내일은 아빠. 혹은 아침에는 엄마, 밤에는 아빠…. 그것에 제 맘대로 골라~ 골라~다.

오늘은 아빠 당첨.

읽어달라고 가져온 책이 며칠 전 벼룩시장에서 건진 '일하는 자동차'에 관한 책이다. 차 좋아하는 남자아이들이 많은데, 이 녀석은 차가 1순위라는 '차돌이'는 아니고 공룡이 1순위인 일명 '공돌이'. 차는 2순위 정도 된다.

일하는 자동차도 정말 종류가 많다. 경찰차, 소방차, 청소차부터 농기계 등등. 그런데 길거리에서 전선 작업할 때 흔히 사람을 태우고 높이 올려주는 작업차가 나온다. 또 전기공사를 위해

변압기를 탑재한 변압기차

변압기를 탑재한 차도 있다. 변압기가 나오자 '책읽어주는 아빠'의 설명, "변압기는 전기 공사할 때 쓰는 거야. 전압을 바꾸는 거

지…" 어쩌고저쩌고….

  한참을 어려운 말로 설명을 하는데, 전기 공사가 뭔지 전압이 뭔지 제대로 알 리가 없건만 이 녀석 알아듣는다는 듯 고개를 끄덕거린다. 그다음 아빠 하는 말, "변압기를 만드는 회사는 우리나라에 두 군데가 있는데, ×××중공업과 ○○○중공업이야. 아빠가 옛날에 중공업에 다닐 때는 변압기도 구매해봤어." 어쩌고저쩌고….

  옆에 있던 중학생 큰딸, 듣다 못해 한마디 한다.

  "아빠, 구매가 아니라 산다고 하세요."(권경옥, 2010년)

27

『금정산을 보냈다』를
보냈다

　책이 팔리지 않는 시대, 시가 팔리지 않는 시대에 출판사에서는 산지니시인선 첫 호를 준비했다. 그 곤란한 자리를 내가 맡았는데 다행히 나는 시를 좋아했다. 언제부터인지 모르겠으나 시 읽기를 즐겼는데 시집기획을 맡으면서 '이참에 잘됐다' 하고 출근하면 가장 먼저 시를 읽었다.

　시를 읽고 있는 아침을 상상하면 낭만적일 수도 있겠지만, 첫 시집에 대한 논의는 치열했다. 무엇보다 시인선의 첫 번째 시인이었다. 대부분 서울에 있는 소위 메이저 출판사에만 시인들이 몰려 있었고 출간을 제안하고 싶은 시인들은 이미 계약이 된 상황이었다. 시집 출간이 어렵다고 하지만 어떤 시인이 자신의 살점 같은 시들을 지역출판사의 첫 시집으로 기꺼이 주려 할까. 예상했지만 생각보다 현실은 냉혹했다. 출판사의 시름이 깊어가던 중 출판사와 인연이 깊은 최영철 시인이 산지니시인선의 첫 번째 시인으로 응해주셨다.

그때 이후로 나는 시인과 본격적으로 술을 마셨던 것 같다. 시집 나오기 전 한잔, 출간을 앞두고 한잔, 시집이 나오고 한잔, 기자간담회가 끝나고 한잔, 또 어딘가에서 한잔. 그래도 술이 부족하다고 느끼게 해주는 최영철 시인. 그러나 그 자리가 싫기보다 입담 좋은 시인의 말을 듣는 게 즐거웠다. 술자리가 아니더라도 그냥 어디든 자리만 펼쳐지면 시인은 시와 문학에 관한 이야기를 꺼냈다. 만약 그 자리가 지겹고 재미없었다면 아무리 담당 편집자라고 해도 꽁무니를 뺐을 것이다. 나는 그저 고개를 끄덕이며 이야기를 듣는 수준이었지만 내 마음속에 겹겹이 쌓이는 시인의 이야기가 좋았다. 시인은 이런 내 마음을 알았는지 어린 편집자라고 나무라거나 무시하지 않고 내 의견을 존중해줬다. 편집자이지만 중견시인에게 배워가면서 시집을 만들었다.

온전히 시집 만들기에 빠져들었기에 나는 시집이 세상에 나오고 당당하고 홀가분할 수 있었다. 그때야 어렴풋이 그 맛을 느꼈던 것 같다. 시가 주는 갈증과 시집이 주는 은은함 그리고 새로운 걸 만들어가는 고통과 기쁨을. 이제는 시집 차례지. 사람들의 베개 아래 혹은 책상 위, 옆구리 사이로 들어가 그때 내가 느꼈던 취기가 전해지길 바랄 뿐이다. 그렇게 나는 산지니시인선 첫 호 『금정산을 보냈다』를 웃으며 세상 밖으로 보낼 수 있었다. (윤은미, 2015년)

"건배사도 교정이 되나요?"
아방궁의 말말말

『한산수첩』과 『늙은 소년의 아코디언』이 '2012년 3분기 우수문학도서'에 선정되었다. 기쁨을 금치 못한 산지니 식구들은 호화 중식당에서 "먹고 싶은 것 다 시키세요"라는 사장님의 복음 같은 말씀 아래 축배를 들었다. 돌아가며 이어진 건배사에서 편집장님이 "이렇게 좋은 일이 생긴 건 세 분이 우리 출판사에 와주어서인 것 같다"며 엘뤼에르와 전복라면, 온수입니까를 감동의 도가니 속에 빠트리셨다. 듣고 계시던 사장님은 "나는 왜 이런 말이 생각이 안 나는지 모르겠다"며 좌중의 웃음을 자아내셨다. 산지니가 이렇게 웃을 수 있는 건 다 여러분 덕분인 거 아시죠? 감사합니다.

콘텐츠의 확장은
인연을 통해

"부산의 중견 시인
최영철 선생을 처음 본
것은 광주에서였다.
그것도 아주 우연히."

28

책에서 책으로 이어지는
인연의 소중함

『무중풍경: 중국영화문화 1978~
1998』은 2006년도 영화진흥위원회 출
판지원도서로 선정된 책이다. 중문학
박사과정에 있는 후배에게 중국책 가
운데 좋은 책이 있으면 추천해달라고
하니 이 책을 권해주었다.

중국영화계에서는 작은 고전이 된 책
으로 저자 다이진화는 사유의 깊이와
폭넓음에 있어 세계적으로 인정받고 있는 학자이자 작가인데, 글
쓰기에 있어서도 정확한 어휘 선택과 개념정리를 하고 있기 때문
에 번역이 여간 까다롭지 않은 책이었다. 그래서 책의 중요성은 모
두가 인정하고 있지만 섣부르게 번역에 손을 대지 못하고 있는 상
황이었다.

일단 에이전시를 통해 판권 확인에 들어가고 계약을 추진하면
서 영화진흥위원회에 출판지원도서로 신청하였다. 그런데 이때 같
은 책을 두 팀이 신청한 것이었다. 하지만 판권을 확보한 우리 출
판사에게 몫이 돌아왔다. 번역 기간이 많이 걸려 출간 시한을 꽉

채워서야 출간하기는 했지만 두툼한 이 책을 보면 뿌듯한 마음이 드는 것도 사실이다.

부산국제영화제가 열두 돌을 맞이하는 지금, 부산 하면 국제영화제를 꼽을 정도로 부산은 영화의 도시를 지향하고 있다. 따라서 영화 관련 아이템은 지역에서 출판하기 좋은 소재라 생각하고 창업 초기부터 관심을 두고 있던 터였다. 그러나 영화 관련 출판 시장이 아직은 작고, 영화에 대한 관심 또한 예전만 못한 현실에서 영화 관련 책을 기획하는 것이 부담스럽기도 하다.

하지만 여러 가지 형태로 틈새시장을 찾아본다면 기회는 있을 거라고 본다. 지역에서 영화를 공부하는 소장 학자들의 연구 결과물 위주로 출판에 대한 요구가 있기도 하다. 2009년 출간된 『부산 근대영화사』도 그런 결과물 가운데 하나이다.

출판사를 창업한 2005년에는 부산에서 APEC이 열리던 해였다. 부산시는 APEC 행사에 최대한 집중하여 홍보를 하고 있었고, 많은 시민단체들이 APEC에 대한 반대 모임을 만들어 비판의 목소리를 높이고 있었다.

부산에서 열리는 아시아태평양경제협력체(APEC)란 도대체 무엇인가, 그 탄생배경과 기본원칙, 주요국의 대외경제정책, 신국제질서의 성격에 대한 분석을 통해 아시아태평양에서 살아가는 시민들의 진정한 연대와 협력을 위해 우리는 무엇을 해야 할지 생각을 정리한 단행본을 기획하게 되었다.

이때 만난 사람이 부산외국어대학교 이광수 교수이다. 일면식도 없었지만 이광수 교수는 인도 관련 책도 쓴 바 있고, 아시아평화인권연대 공동대표로 활동을 하며 APEC에 대해 반대 입장을 밝히고 있었는데, 그에 대한 원고 청탁을 위해 전화를 걸었다. 우여곡절 끝에 시기를 놓쳐 이 기획은 추진되지 못했지만 이후 〈아시아평화인권연대〉와 함께 『의술은 국경을 넘어』를 출간하는 계기를 마련해주었다.

이 책의 주인공 나카무라 테츠는 파키스탄과 아프가니스탄에서 20여 년 동안 의료 활동을 해오고 있었다. 전쟁과 폭력으로 얼룩져 있는 지구촌 한 구석에서 묵묵히 인간에 대한 사랑을 실천하고 평화를 전파해온 일본의 시민단체 〈페샤와르회〉와 의사 나카무라의 활동에 아프가니스탄을 방문한 〈아시아평화인권연대〉 회원이 감동을 받아 이 의사의 이야기를 국내에 소개하기로 하고 번역을 추진하고 있는 중이었다.

민족과 국경을 초월한 진정한 인도주의의 의미를 되새기고, 함께하는 삶이 무엇인지 보여주는 감동적인 이야기였다. 한국의 NGO 단체들이 정부 프로젝트 혹은 기업 후원금에 목숨을 걸고 있는 경향을 보이고, 또한 그런 형태에 자성의 목소리도 나오고 있는 게 현실이지만 이 책에 나오는 일본 후쿠오카의 시민단체 〈페샤와르회〉는 철저하게 회원 4,000명의 회비와 민간 모금에만 의존하여 파키스탄 의료 활동을 지원하고 있었다. 우리가 본받아야 할 모범사례라고 생각하고, 출판에 의미를 두었다.

이후 〈아시아평화인권연대〉, 이광수 교수와의 인연은 계속되고 있으며 인도관련 서적들도 꾸준히 출간하고 있다. 『인도사에서 종교와 역사 만들기』, 『인도의 두 어머니 암소와 갠지스』, 『내가 만난 인도인』, 『인도인과 인도문화』, 『힌두교, 사상에서 실천까지』 등이 그런 인연으로 출간되었다.

그 가운데 『인도인과 인도문화』는 인도인의 진면목을 잘 보여주는 책이다. 20년째 인도에 살면서 현재 델리대에서 학생들을 가르치고 있는 김도영 교수가 썼는데, 현장경험을 바탕으로 눈에 보이는 표면적 현상뿐만 아니라 인도의 역사와 문화에 대한 인문학적 지식을 곁들여 이면을 탐구한 실질적인 내용을 강조한 책이다. 이 책은 『어려운 시들』과 함께 2008년도 문화체육관광부 우수교양도서에 선정되었다.(강수걸, 『기획회의』 2008년)

29
중견 소설가 조갑상

『이야기를 걷다: 소설 속을 걸어 부산을 보다』는 부산의 대표적인 소설가 조갑상 경성대 교수의 산문집이다. 이호철의 『소시민』의 배경이 된 완월동, 조명희의 「낙동강」, 김정한의 「모래톱 이야기」에 나오는 구포다리와 을숙도……. 작가는 부산 곳곳을 돌아다니며 소설의 현장을 살펴보고, 소설의 배경이 되었던 그 시대와 지금의 변화의 모습들을 추억한다.

일면식도 없는 조갑상 교수를 창업 초기에 찾아갔다. 부산 문단 역사에 대표적인 인물인 요산 김정한 선생의 평전을 써보시는 게 어떠냐고 제안했다. 조갑상 교수는 김정한 연구로 박사학위를 받은 소설가이기에 요산의 평전을 쓰기에는 가장 적합하다고 생각해서였다. 조 교수님은 지금 당장은 시기상조라고 하면서 상황이 무르익으면 추진해볼 만한 사안이라고 완곡하게 거절하셨다.

그런데 몇 달 후 부산에 대한 산문을 써놓은 게 있는데 책을 만들어보면 어떻겠느냐고 출판사로 전화를 하신 것이었다. 지역 출

네이버 '오늘의 책'에 소개된 『이야기를 걷다』

판사로서 꼭 내야 할 책이라 생각하고 출판을 결정했는데, 책의 느낌을 잘 살리기 위해서는 사진이 필수적이었다. 소설의 배경이 되었던 옛 사진은 쉽게 구할 수 있었으나 그 모습이 현재 어떻게 변화했는지 그 변화의 모습을 따라가기 위해서는 현재의 사진이 꼭 필요했던 것이다.

　그런데 따로 사진가를 섭외하기에는 출판사 재정이 부족했다. 할 수 없이 사진에 일가견이 있는 디자이너가 직접 사진을 찍기로 하였다. 내면은 세심하지만 겉으로는 무뚝뚝한 작가의 성큼성큼 큰 발걸음을 종종거리고 따라다니면서 몇 날 며칠 달동네를 오르

내리고 도심을 걸어 다니며 사진을 찍었다. 1년여를 공들인 끝에 책을 내놓자 조선일보 김태훈 기자가 서울에서 인터뷰를 하기 위해 내려왔다. 이후 이 책은 문화예술위원회 우수문학도서로 선정되어 출판사 재정에 많은 보탬이 되었다.

이 책은 우리가 알지 못했던 부산을 다시금 바라보게 하는 책이여서 우리가 만들어놓고도 많은 감동과 생각거리를 얻은 책이었다. 또한 이런 책을 만드는 출판사가 부산에 있었구나 하는 말들을 주위에서 많이 들었다. 부산은 다양한 콘텐츠가 살아 숨 쉬는 곳임을 깨달음과 동시에, 이후 부산 콘텐츠를 어떻게 책으로 낼 수 있을까 고민하는 계기가 되었다.

이렇게 인연이 된 조갑상 교수와는 이후 두 권의 책을 더 진행했는데, 소설집 『테하차피의 달』은 문광부 우수교양도서로 선정이 되었고, 2012년 출간한 『밤의 눈』은 문화예술위원회 우수문학도서로 선정됨과 동시에 2013년 만해문학상에 선정되었다. 6·25 전쟁 당시 가상의 공간 대진읍을 배경으로 국민보도연맹과 관련한 민간인 학살을 다룬 작품이다. 6·25 당시의 민간인 학살을 본격적으로 다룬 소설이 희소하다는 점에서 주목받은 장편소설로, 맹렬한 작가정신으로 둔중한 역사를 끄집어 올린 소설작품이라는 평가를 받았다.(강수걸, 2013년)

30

최영철 시인과
조명숙 소설가 부부

부산의 중견 시인 최영철 선생을 처음 본 것은 광주에서였다. 그것도 아주 우연히.

2006년 5월, 광주에 있는 거래서점 충장서림과 삼복서점을 둘러보기 위해 광주로 향했다. 서점들은 광주 시내 한복판 충장로에 위치해 있었는데 주차할 곳을 찾다가 옛 도청 자리에 들어가게 되었다.

차를 세워놓고 밖으로 나오는데 건물 한쪽에서 무슨 행사를 하고 있었다. 5·18 문학행사를 하고 있는 것이었다. 팔레스타인 등 외국 문인들도 참석하여 시낭송도 하고 강연도 들으며 함께 어울리는 자리였는데, 최영철 시인이 시낭송을 했다. 「선운사 가는 길」이라는 시였다. 두 시간여 동안 진행된 행사는 마지막에 모두 자리에서 일어나 손에 손 잡고 둥그렇게 원을 그리며 '그날이 오면'을 부르는 걸로 끝이 났다.

몇 달 후 최영철 선생의 시집 『호루라기』가 문학과지성사에서 출간되었고 부산 영광도서에서 독서토론회가 열렸다. 영광독서토론회는 지역 서점에서 책과 함께하는 행사이기 때문에 관심을 가지고 꾸준히 참석하고 있었는데, 그 자리에서 최영철 시인을 만나게 되었다. 몇 달 전 광주에서 열린 행사 때 뵈었다는 이야기를 했더니 "왜 아는

『동백꽃, 붉고 시린 눈물』에 삽입된 박경효 화백의 그림 〈보수동 헌책방 골목〉, 본문 110쪽

박경효 〈영도다리 위에서〉, 본문 237쪽

　　　　　　　　지역에서 행복하게 출판하기

척을 안 했느냐"며 같은 자리에 있었다는 사실에 매우 반가워했다.

그동안 써놓은 산문을 모아 산문집을 내보시는 게 어떻겠느냐 제안을 하였더니 팔리겠느냐고 걱정하면서도 원고를 건네주셨다. 이 책이 바로『동백꽃, 붉고 시린 눈물』이다. 부산의 풍경과 부산을 소재로 한 예술작품을 토대로 시인의 깊고 넓은 사색의 풍부함을 내보이고 있는 이 글을 가지고 어떻게 하면 차별화된 책을 만들 수 있을까 고민하다가 지역화가 박경효에게 그림을 부탁했다. 사진을 쓰기보다는 그림과 함께하면 좀 더 어울릴 것 같아서였다.

화가가 부산 곳곳을 다니며 풍경을 스케치하고 채색하여 30여 점의 유화를 완성하기까지는 거의 1년이라는 시간이 소요되었다. 시간도 많이 걸리고 공을 많이 들여 지난 5월에 책이 출간되었고, 이후 2008년 문화예술위원회 우수문학도서로 선정이 되었다. 그것도 문학나눔 사업의 예산이 갑자기 줄어드는 바람에 수필 분야 도서를 딱 한 권 뽑았는데, 바로 이 책이 선정되었던 것이다. 공들인 책은 누군가는 그 진가를 알아보는 것 같다.

이를 인연으로 최영철 시인의 부인인 조명숙 소설가의 소설집 『댄싱 맘』을 출간하였는데, 이 책 또한 문화예술위원회 우수 문학도서로 선정되었다.

이처럼, 저자를 섭외하는 데 딱히 어떤 '방법론'이 존재하는 것은 아니다. 출판사는 다만 지역신문이나 지역인사들의 동향을 꾸준히 파악하면서 그들을 '책'을 매개로 이어주는 역할만 할 뿐이라고 생각한다. 지역에 자리 잡고 있어 지역 저자들을 연결해주기 쉽다는 것, 이것이 바로 산지니가 지닌 가장 큰 장점이다.(강수걸, 2013년)

31
철학자 권서용 선생

저서 『다르마키르티와 불교인식론』
(그린비, 2010년)으로 제3회 원효학술상
(2012년), 역서 『불교인식론과 논리학』
(운주사, 2014)으로 제4회 반야학술상
(2014년)을 받은 권서용 선생을 만난
것은 2006년 겨울이었다. 부산대학교
인문대학 철학과 82학번인 권서용 선
생은 2006년에 같은 대학 대학원에서
「다르마키르티의 인식론 연구」(이 논문을 수정한 것이 그린비에서 발행
된 저서이다)로 박사학위를 받은 학자이다. 선생은 현대불교연구원
간사를 맡고 있어서 연구원에서 하고 있는 프로젝트의 출판 관련
협의를 하기 위해 산지니 출판사를 방문하였다.

선생은 박사논문을 준비하면서 번역한 타니 타다시(谷貞志)의
『무상의 철학』 초벌원고를 편안한 표정으로 나에게 보여주었다.
나는 정독 후에 자세히 논의하자고 이야기하면서 그날의 만남을
끝냈다.

타니 타다시의 유명 저서 『찰나멸의 연구』에 선행한 책이 『무상

의 철학』이다. 원고를 읽기 전에 불교에 대한 기본지식을 얻기 위해 도서관에서 카지야마 유이치의『인도불교철학』(민족사, 1990년)을 빌려 읽었다. 경상대 권오민 교수가 번역한 책으로, 많은 도움이 되었다. 러시아의 저명한 불교학자 스체르바츠키(1868~1942)에 의해 7세기 이후 인도철학사의 최대 인물로 찬탄되었으며 인도불교의 인식론과 논리학을 완성한 다르마끼르띠(法稱, 600~660).『무상의 철학』은 부제 '다르마끼르띠와 찰나멸'처럼 '모든 것은 무상이다'라는 '인간의 직관이 낳은 최초의 막연한 일반화'인 '무상'을 다르마끼르띠의 찰나멸성으로 설명하고 있다.

　권서용 선생의 초벌번역 원고를 차근차근 읽어보기로 마음먹고 '우리는 죽는다'로 첫 문장이 시작되는 원고를 늦은 밤까지 계속 읽어나갔다. 계약을 하기로 결심하면서도 판매에 대한 불안감은 존재했지만 좋은 책을 소개하고 싶은 열망이 더 강했다. 계약 후에도 교정교열 과정에서 머리가 터지는 고통이 동반되었다는 편집자의 후일담이 있는 책이다.

18개월을 꼬박 채우고 2008년 3월에 책은 출판되었다. 이후에도 2009년 카츠라 쇼류(桂紹隆)의『인도인의 논리학』(공역), 2011년 키무라 토시히코(木村俊彦)의『다르마키르티의 철학과 종교』, 2013년 요코야마 고이츠(橫山紘一)의『불교의 마음사상: 유식사상입문』(감수)으로 선생과는 계속 인연이 이어지고 있다.(강수걸, 2015년)

32

신안1리 마을 이장 강수돌 교수,
원고를 보내오다

"잊지 않고 원고를 보내주셔서 고맙습니다."
"첨부된 자료가 많으니 잘 검토하셔서 좋은 책으로 만들면 좋겠습니다."

충남 연기군 조치원읍 신안1리 이장 강수돌 교수

강수돌 교수가 원고를 보내왔다. 강 교수는 충남 조치원 신안1 리 마을 이장이다. 고려대학교 경영학과 교수이지만 마을 이장 직 책을 더 선호한다. 고층아파트 반대 운동을 3년 동안 이끌면서 마 을 가꾸기 운동을 몸으로 실천하고 있다.

여러 권의 스테디셀러를 내기도 한 강 교수에게 지난해 10월 무작정 전화를 걸었다. 일면식도 없었지만 강 교수가 그동안 마을에서 했던 일들을 여러 지면을 통해 알고 있던 터라 그 내용을 책으로 엮어보면 어떨까 제안을 했다. 당시 강 교수는 힘이 많이 빠져 있었다. 거대자본과의 싸움에서 패배한 직후였기 때문이다. 싸움의 전 과정을 정리하여 책을 내보자는 제안에 대해 "서울의 유명 출판사 몇 군데에서도 전화가 왔었지만 기운을 추스른 후 생각해보겠다"는 대답이 돌아왔다.

잊어버린 줄 알았는데 8개월 만에 강 교수는 관련 자료를 모두 보내왔다. 재판 기록에서부터 마을 경로잔치 사진까지, 자료가 엄청났다. 이제 책을 만드는 일만 남았다.

전국의 개발 바람은 어제오늘의 일이 아니지만 2005년 '행정도시특별법'이 통과하고 난 후 충청권에는 거대한 건설자본과 투기 자본이 몰려 난개발을 일삼고 있었다. 조용하게 농사짓고 살던 신안마을도 그 바람을 피해갈 수는 없었던 것. 강수돌 교수가 조용한 단층 귀틀집을 짓고 살고 있던 시골 마을에 15층이나 되는 고층아파트가 1,120세대나 들어서려고 하고 있었다. 마을사람들이 조상 대대로 자연과 어우러져 살아온 논과 밭, 과수원과 구릉을 허물고 앞산 뒷산도 다 가리는 시멘트 흉물 덩어리를 세우는 계획을 비밀리에 추진하고 있다는 사실에 강수돌 교수는 분노한다. 개발이나 성장이 진정한 삶의 가치일 수는 없다는 신념에서 강수돌 교수는 마을 공동체를 지키기 위해 직접 나서기로 결심한다.

물론 고민을 하지 않은 것은 아니었다. 시간도 없는데 군이 내

가 이 일에 뛰어들어야 하나, 내가 나선다고 확실히 막을 수 있을
것인가. 많은 사람들이 대자본이나 건설회사와 싸워봐야 이기기
어렵다는 걸 본능적으로 알고 있고, 맨땅에 헤딩하는 꼴이라고 말
리는 사람도 있었다. 그러나 비록 힘든 일이 있더라도 지금까지
공부해온 것들이 바로 이런 삶의 현장의 문제를 외면하지 말고 직
접 부딪쳐 해결하는 데 쓰려는 것이었다는 생각으로 강수돌 교수
는 마을 주민들과 함께 투쟁에 뛰어든다.

처음에는 주민들한테 설문지를 돌려 의견을 모은 후 군수에게
진정서를 내는 것으로 시작했다. 도저히 아파트가 들어설 자리가
아닐뿐더러 도시계획상으로도 저층 위주의 생태적 대학문화타운
에서 고층아파트 건설이 가능한 지역으로 바뀐 데에는 주민들 이
름을 도용한 가짜 서류가 결정적이었음을 밝혀냈다. 천 세대가 넘
는 아파트가 들어섬에도 불구하고 1년에 차량이 1대씩 증가할 거
라는 어처구니없는 교통영향평가가 버젓이 아파트 승인의 근거
서류가 되었다는 사실에 국가행정이 건설자본과 동맹관계를 맺
고 있음을 확인할 수 있었다. 이후 연기군청, 충남도청 앞 시위, 청
와대와 국회, 건설사 앞에서의 일인시위를 진행했다. 싸움의 과정

에서 압도적인 주민들 지지로 이장직을 맡게 된 강수돌 교수는 이 모든 일을 주민들과 함께했다.

결국 아파트 반대 소송은 패소하고 2007년 1월부터 본격 공사에 돌입하게 되었다. 그러나 2009년 하반기에 들어 건설자본은 '제 꾀에 제가 넘어가고 말았음'을 스스로 증명했다. 온갖 탈법과 주민 이간질 등으로 시작된 고층아파트의 결과는 참담했다. 2% 분양률에도 못 미치고 자금이 돌지 않아 흉물 시멘트 덩어리만 남겨놓은 채 공사를 중단하고 철수해버리고 말았기 때문이다. 자본이야 손해를 좀 보고 떠나면 그뿐이지만 남겨진 시멘트 덩어리 때문에 주민의 환경권은 무참히 훼손되었다. 그런데도 아무도 책임지는 사람이 없는 비참한 상황이다. 그런데도 강수돌 교수는 눈앞의 흉물이나 진절머리 나는 일들에 대해서 유머와 위트, 농담과 익살로 넘기는 재치도 필요하다고 말한다.

아파트 공사를 막지는 못했지만 강수돌 교수는 이 싸움을 통해서 진정한 마을 주민이 되었음을 커다란 수확으로 여긴다. 마을 한쪽에서 조용히 살던 사람이 비로소 온전한 마을 주민이 된 것이다. 마을과 자연을 지키는 일에 마을 주민들이 혼신을 다해 함께 나서고 지키려고 했던 그 '과정'은 이후 생동하는 마을공동체를 만드는 데 큰 힘이 되었다.

그런데 책이 출간되고 문제가 터졌다. 허위 민원서류임을 보여주기 위해 삽입한 사진자료에 주민들의 개인정보가 너무 선명하게 노출된 것이다. 삽입된 사진자료를 꼼꼼히 살피지 못한 편집자의 실수였다. 그대로 배포해서는 안 될 것 같았다. 결국 초판을 모

지역에서 행복하게 출판하기

두 회수해서 수정하기로 했다. 일명 '쪽갈이'라고 하는 이 작업은 잘못 인쇄된 쪽만 새로이 인쇄해서 기존의 쪽과 바꾸는 작업인데, 세심하게 잘라내도 새로 붙여야 하는지라 제본소에서도 제일 힘들어하고 귀찮아하는 일이다. 제본소에 사정, 사정해서 겨우 쪽갈이를 할 수 있었다.

이렇게 우여곡절 끝에 출간된 책에 대해 많은 사람들이 관심을 가져 주었다. 환경을 지키려는 노력을 담은 책임을 감안해 본문용지를 재생용지로 썼고 녹색출판캠페인의 일환인 '재생지사용 인증마크'도 책 뒤표지에 들어가 있는데, 그 덕분인지 2010년도에는 우수환경도서로 선정되기도 했다. 펜실베이니아 주립대 강인규 교수는 부키에서 2011년에

그렇게 시작한 책이 『강수돌 교수의 나부터 마을 혁명』이라는 결과물로 출간되었다.

기획해 내놓은 책 『지난 10년, 놓쳐서는 안 될 아까운 책』에 이 책을 소개하기도 했다.

『강수돌 교수의 나부터 마을혁명』이 탁월한 이유는 '아파트 개발'이라는 구체적 사례를 다루면서도 보편적 문제의식을 놓치지 않는다는 점이다. 저자가 책에서 제시한 대응법은 개발 사업뿐 아니라, 정치권력이나 기업이 연관된 한국 사회의 모든 문제에 적용할 수 있다. 저자가 마지막 장에서 제안한 대안 역시 주목할 만하다. 이것은 마을 공동

체가 정치권력에 의지하지 않고 스스로 변화하는 '자족적 대안'이다.

_『지난 10년, 놓쳐서는 안 될 아까운 책』 174쪽.

  여담이지만 강수돌 교수는 출판사 대표인 필자의 이름과 한 글
자가 차이가 난다. 그래서 그런지 "강수돌 교수와는 무슨 사이냐",
"무슨 인연으로 이 책을 내게 되었느냐" 질문하는 사람들이 많았
다. 강수돌 교수가 워낙 알려진 분이라서 그런지 심지어 출판사에
전화를 걸어 대표를 찾으면서도 "강수돌 사장님 바꿔주세요"라고
말하는 경우도 있었다. 직원들은 "저희 사장님 성함은 강수걸인데
요?"라고 할 밖에.
  강수돌 교수의 저작은 이전부터 읽어왔고 존경할 만한 학자라
고 생각해왔지만 강수돌 교수와는 결코 일면식도 없는 사이였고,
앞에서도 밝혔듯이 무작정 연락해서 출간을 청했을 뿐이다. 서울
의 유수 출판사들이 출간 제의를 했음에도 불구하고 강수돌 교수
가 우리 출판사로 원고를 보낸 것은 지역 출판사를 응원하는 뜻
이지 않았을까 짐작해보면서 이 자리를 빌려 다시 한 번 감사드린
다.(강수걸, 2015년)

"취재요청 쇄도, 업무 마비"
V*특공대, 생*정보통에 '나올' 집

HCN에서 세계 출판계의 거조 산지니를 취재해 화제다. 사장님 인터뷰, 사무실 촬영, 엘뤼에르 편집자 인터뷰 등 다양한 취재가 이어졌는데, 이를 위해 산지니는 전날 대청소를 하고 책 표지가 잘 보이도록 곳곳에 'PPL'을 하는 치밀함을 보였다고. 아침에 미용실에 다녀오지 못했다며 초조해하던 전복라면 편집자는 "내 코트가 방송을 탔으니 이제 구매가 폭주할 것"이라며 '완판녀'를 향한 욕망을 드러냈다.

좌충우돌,
지역에서 출판사를
운영한다는 것

"실습 작품을 만들고
있는데 출판사
사무실에서 영화촬영이
가능할런지요?"

33

노가다도
출판 업무 중 하나

　원고는 멀찌감치 밀어두고 오후 내내 『습지와 인간』 홍보 우편
물 발송하느라 꼬박 시간을 보냈습니다. 책을 잘 만드는 것도 중
요하지만 만든 책을 널리널리 알리는 일도 만드는 것 못지않게 중
요하니까요. 경상남도에 있는 중·고등학교 450여 곳과 공공도서
관, 마을도서관, 대학도서관 150여 곳에 보낼 우편물 600통을 만
들었습니다.

오랜만에 출판사에 들렀다가 잡혀서 일하고 계시는 이학천 샘(왼
쪽, 산지니 외부 기획위원)과 속도가 느리다고 구박받은 후 묵묵히
일만 하시는 대표님(오른쪽)

우편물 1통 만드는 데 총 다섯 번의 생산 공정을 거쳐야 했습니다.

① 칼질 600번 - 받는 분 주소를 칼과 자를 이용해 정확하게 자른다.

② 봉투 풀바리 600번 - 자른 주소를 딱풀로 봉투에 반듯하게 붙인다.

③ 3단 접지 600번 - 내용물을 봉투 크기에 맞게 두 번 접는다.

④ 봉투에 내용물 넣기 600번 - 봉투를 벌려 홍보전단을 넣는다.

⑤ 봉투 풀바리 600번 - 마지막으로 내용물이 튀어나오지 않게 봉투를 풀로 봉한다.

생산성을 높이기 위해 철저한 분업이 이루어졌습니다. 각자 한 공정씩 맡아 하다 보니 작업속도도 점점 빨라졌습니다. 이런 작업이 은근 중독성이 있습니다. 누가 시키지도 않았는데 화장실 가는 것도 참고 일하고 있는 저를 보고 흠칫 놀라기도 했습니다. 단순노동에(도) 강한 산지니 식구들입니다.

작업을 하다 보니 얼마 전 외국의 아동학대 현장을 다룬 다큐멘터리 프로그램이 기억납니다. 태국의 한 공장이었는데 8~12세 정도로 어려 보이는 아이들이 오골오골 앉아서 무얼 만드는 단순 작업을 하고 있는데 숨소리조차 안 들릴 정도로 조용했습니다. 이유인즉 옆 사람과 말 한마디 할 때마다 임금이 까인다고 합니다. 그런데 월급이 십만 원이라면 한 번 까이는 금액이 오천 원 정도였습니다. 그야말로 화끈하게 까더군요. 20번 얘기하면 월급이 0원이 되고 거기서 한마디만 더하면 마이너스가 돼서 공장에 오천 원을 도로 내야 합니다. 말도 안 됩니다.

컨베이어벨트로 변신한 회의탁자(왼쪽), 열심히 일하고 널브러진 딱풀(오른쪽)

출판사 직원이라고 늘 책상 앞에 앉아 우아하게 원고만 읽고 글만 쓰는 건 아니랍니다. 택배 보내기, 책 나르기, 우편물 발송하기, 오자 정정 스티커 붙이기 등 출판 노동자가 하는 일은 아주 다양해서 지루할 틈이 없습니다. 기획, 편집, 디자인 하느라 늘상 머리를 쥐어 짜야 하는데 한 번씩 단순노동으로 머리를 쉬게 해주는 것도 괜찮습니다. 다만 만들어야 할 책이 산더미인데 이런 거 하라고 하면 사람 미치지요.

계절마다 한 호씩 나오는 계간 『오늘의 문예비평』을 발송할 때는 시판되는 라벨지를 사용합니다. 그러면 ①, ②번 공정은 생략해도 됩니다. 오늘은 하다 보니 이렇게 됐네요. 어쨌든 다섯 명의 손으로 수작업 3,000번을 거쳐 우편물 600통이 탄생했습니다.(권문경, 2008년)

34

구글이 산지니에 보낸
화해 신청서

지난 4월, 세계 최대 인터넷 검색 업체 구글에서 출판사로 한 통의 메일이 왔다.

〈Google의 도서 및 기타 문헌의 스캐닝에 대한 법적 알림사항〉이라는 제목의 저작권 화해 통지문이었다. 구글이 산지니에게 화해 신청을 하다니. 도대체 무슨 일이 일어난 걸까….

> 귀하가 본 통지문을 받으시게 된 것은 저희 기록에 귀하가 도서 발행
> 자로 나와 있기 때문입니다. 미국에서 가지는 귀하의 권리 및 귀하가
> 발행하는 도서의 저자들의 권리는 Google이 도서 및 기타 문헌들을
> 스캐닝하는 것과 관련하여 미국에서 진행 중인 집단소송상의 화해로
> 인해 영향을 받을 수도 있습니다. -google이 보낸 통지문 중에서

구글이 미국 도서관에서 스캔해 정보를 제공하고 있는 책들에 대하여 한국 출판사와 저자들에게 저작권 화해를 신청하는 내용이었다. 뉴스를 통해 구글이 미국 도서관 책을 스캔해서 데이터베이스를 만들고 있다는 소식은 들었지만, 그것이 우리 출판사와 관련이 있을 거라고는 생각 못했다. 통지문에는 산지니 발행 도서

중 어떤 책이 전산화되어 서비스되고 있는지 나와 있지 않았다. 각자 알아서 찾아보라고 했다.

미국 어느 도서관에 어떤 책이 몇 권이나 있을까? 반신반의하면서 구글 도서 검색창에 '산지니'라고 입력하니, 헉! 총 66권의 책이 검색되었다. 지금까지 산지니에서 출간된 책이 80여 권인데 비매품이나 교재용 도서 일부를 제외하면 발간 목록 중 90% 이상이 미국 도서관에 소장되어 있다는 말이다. 대체 어떤 경로로 미국의 도서관들에 이 많은 책들이 들어가게 된 걸까.

검색도서

지역에서 행복하게 출판하기

개별 항목을 열어보니 제목, 표지사진, 저자, 발행일, ISBN, 쪽수 등 도서정보와 간략한 책소개(혹은 목차 전부를 소개해놓기도 함)를 해놓았다. 국내 포털 네이버나 다음의 '책 서비스'에도 이 정도 소개는 되어 있는지라 그리 놀라진 않았다. '저작권 화해 신청'이라기에 책 내용 중 일부를 통째로 스캔해서 보여주고 있는 건 아닐까 걱정했었는데….

반송사람들: 대도시에서지역공동체를가꾸는사람들이야기 (공)저: 고창권

› 개요
서평 (0)
구매

☆☆☆☆☆ (0) - 서평 쓰기
내 서재에 추가하기

온라인 서점
Amazon.com
Barnes&Noble.com
Borders
Books-A-Million
도서관에서 찾기
모든 판매자 »

도서 개요
제1부 반송천에서 물장구치고 썰매타고 1.어린 시절과 지역공동체 2.지역 활동의 준비기. 1997년 3.지역 활동의 시작, 마을신문 '반송사람들' 4 빈 벽에 그리는 희망, 벽화그리기 제2부 요구가 있으면 무엇이든 시작하자 5.반사사의 여러 가지 소모임 활동 6.새로운 만남과 교양 프로그램 7.스스로 놀라버린 어린이날 행사 8.주민들과 함께 한 실업극복운동 9.또 하나의 날개, 좋은 아버지 모임 10.함께 떠나요, 가족기행 11.힘찬 새해를 열며, 장산 해맞이 행사 12.부산에서 임진각까지, 통일가족기행 13.화합과 단결의 구호 아래 산업폐기물매립장 반대운동 14.부산민주시민상 수상 제3부 풀뿌리 민주주의 15.새로운 도전, 지방선거에 출마하며 16.의정활동의 시작과 의정연구회 17 교육·복지·문화가 함께하는 좋은 학교 만들기 18.학습동아리 '우리마음 잘 알기' 19.가자, 희망세상으로! 재도약의 발판마련 20.지역 활동에서 주민자치 활동으로 21.10년, 20년 후 지역의 미래를 설계하자

미리보기가 없습니다. - 2005 - 215페이지

서평
서평을 찾을 수 없습니다.

서평 쓰기

도서정보 더보기
제목   반송사람들: 대도시에서지역공동체를가꾸는사람들이야기
저자   고창권
발행인 산지니, 2005
ISBN   8995853116, 9788995853111
길이   215페이지

구글도서에 소개된 『반송사람들』

책을 소개하는 화면 왼쪽 카테고리에 있는 '도서관에서 찾기'라는 링크를 누르면 책을 소장하고 있는 미국 도서관 목록이 열린다. 2006년 출간된 『반송사람들』을 검색해봤더니 워싱턴대학, 미

시건대학, 하버드대학 도서관에 책이 비치돼 있었다. 놀랍기도 하고 신기하기도 해서 계속 찾아봤다. 산지니 첫 책『영화처럼 재미있는 부산』을 검색해보니 미국 내 4개 대학도서관과 미국 의회도서관에 책이 있다고 나왔다. 연구자들이 직접 신청했거나 도서관에서 자체적으로 구매를 했을지도 모른다. 정확한 구매 경로는 모르겠지만 하나는 확실하다. 도서관의 도서 구입 예산이 한국 도서관들과는 비교도 안 되게 많다는 것 말이다.

『반송사람들』이 하버드 대학도서관에도 있다니…
http://www.worldcat.org/oclc/71228102

지역에서 행복하게 출판하기

이번 사건의 발단은 2004년부터 시작한 구글의 '도서관 프로젝트' 때문이다. 구글은 미국 도서관들과 협약하여 도서관 소장 도서 700여만 권을 스캔하기 시작했다. 방대한 양의 도서정보가 구글 데이터베이스에 차곡차곡 쌓였고, 온라인 서비스를 시작한 지 1년이 지나지 않아 미국작가협회와 펭귄 등 대형 출판사들이 구글에 저작권 위반 소송을 제기했다. 저작권자들에게 동의를 구하지 않았다는 이유 때문이다.

'구글은 전산화한 데이터를 확보한 데 따른 보상으로 2010년 1월 5일까지 구글 도서권리등록소에 등록을 할 경우 단행본 한 권당 60달러를 보상하기로 했다'고 한다. 이를 위해 구글이 치러야 하는 비용은 4500만 달러.

미국에서 이런 문제가 불거지지 않았다면 국내 출판사들은 자신들의 저작권이 침해되었다는 사실조차도 몰랐을 수 있다. 문제가 커지자 뒤늦게 구글은 국내외 저작권자들에게 통지문을 보냈고, 화해를 하지 않으려면 관련 있는 책들을 직접 검색해서 개별적으로 이의를 제기하라는 식이다. 산지니는 구글의 저작권화해신청을 받아들이기로 했다. 책표지와 간단한 도서 정보만 제공되는 것이므로 그리 걱정할 일은 아닌 것 같다. 책의 발견성을 높이는 일이기도 하고 말이다. 다른 출판사들은 어떤 결정을 내렸는지 모르겠다. 다만 앞으로의 일이 걱정이다. 지금은 제한된 범위에서 기본적인 정보만 제공하고 있지만 대량의 데이타베이스를 변형해서 다른 용도로 활용한다면…, 그때는 구글을 상대로 소송을 해야 하는데 가능한 일일까?

미국 사법당국은 '구글의 도서 검색과 관련된 반독점 위반 가능성에 대한 조사를 실시 중이며 반독점법 위반 여부는 오는 10월 뉴욕지방법원에서 결정될 예정'이라고 한다. 미국의 저작권자(작가와 출판사)들은 이미 충분히 거대한 구글이 '도서관 프로젝트'로 인해 더 거대한 공룡이 될 것을 크게 우려하는 것 같다. 도서 정보 제공 서비스로 인해 구글이 국내 출판사들에게 착한 공룡이 될지 나쁜 공룡이 될지는 좀 더 지켜봐야 할 것 같다.(권문경, 2009년)

35
베트남에서 온 주문서

추석 명절이 코앞인데 올 추석은 연휴가 짧아 고향에 안 가시는 분들이 많은 것 같습니다. 해마다 벌어지는 도로 위 민족 대이동 행렬이 조금은 짧아지겠지요. 공부나 직장 때문에 외국에 체류하는 분들은 고국, 고향 생각이 더할 것 같습니다.

멀리 베트남에서 책 주문서가 날아왔습니다. 출판사에서 일하다 보면 이것만큼 반가운 소식이 또 있을까요. 직장 때문에 베트남에 체류 중인, 대표님 지인께서 책을 주문하셨습니다. 친구들에게 책 좀 사라고 하면 술은 얼마든지 사도 책은 죽어라 안 산다고 늘 저희에게 하소연하곤 하셨는데 술 대신 책을 주문하신 참 좋은 친구시네요.

얼마 전 이메일로 보내드린 도서목록 중에서 문학, 환경, 사회, 경제경영, 실용 분야의 책을 다양하게 고르셨습니다. 산지니가 출판사 초기에는 인문, 사회 분야 책을 주로 냈는데 해를 거듭하면서 여러 종류의 원고들이 들어오고 지역 필자들의 요구도 수용하다 보니 이제는 종합출판사로서 다종다양한 출간 목록을 만들어가고 있습니다.

주문서

● 인도진출 20인의 도전

● 추락하는 제국: 냉전 이후의 미국 외교

● 습지와 인간: 인문과 역사로 습지를 들여다보다

● 유배지에서 쓴 아빠의 편지

● 빛: 김곰치 장편소설

● 차의 20000가지 비밀

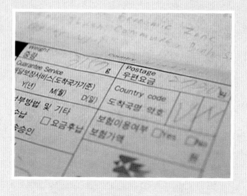

여섯 권의 책 정가가 82,000원인데 항공 우편료가 27,300원입니다. 총알 배송까지는 못하더라도 가능한 빨리 보내드려야 하니 배편으로 보낼 수도 없고 말입니다. 죄송한 마음에 책값을 좀 깎아드렸습니다.

대표님의 친구 분은 중부베트남의 다낭에 직장이 있는데 아이들과 부인은 호치민에 거주하며 주말에만 상봉하는 주말가족이라고 합니다. 직장 때문에 온 가족이 베트남으로 간 지 7개월쯤 됐는데, 거기에서조차 아이들 교육 때문에 가족과 떨어져 지낸다고 하는군요. 베트남이나 한국이나 아이들 교육이 문제네요. 한국 책 읽으면서 조금이나마 향수병 달래시기를.(권문경, 2009년)

36
재생지로 만든
우수환경도서

요즘 날씨가 참 이상하지요. 봄·여름·가을·겨울 사계절의 뚜렷함이 점점 사라져가는 것 같아 안타깝습니다. 여름 겨울에는 전례 없는 폭염과 한파로 생명체들의 인내력을 시험하고 봄가을은 언제 왔나 싶게 가버리고 말입니다. 한창 따뜻해야 할 5월에 기습 한파로 채소랑 과일값이 내릴 생각을 않고 일부 지역에는 눈까지 내리고 말이죠.

이상기후는 전 지구적으로 나타나고 있는 것 같습니다. 정확한 이유는 모르겠지만 지구온난화의 영향이 큰 것 같아요. 지구온난화의 주범은 여러 가지가 있겠지만, 숲의 나무를 사라지게 하는 펄프와 뗄 수 없는 관계인 출판 산업도 결과적으로 지구를 덥히는 데 한몫하고 있다고 봐야겠지요. 그렇다면 이런 문제를 해결하기 위해 우리는 무얼 할 수 있을까요? 재생 종이를 사용하는 것이 하나의 대안이

본문 용지의 80% 이상을 재생용지로 사용하면 이 '녹색출판' 마크를 책에 사용할 수 있습니다.

지역에서 행복하게 출판하기

될 수 있을 겁니다.

버려진 종이를 모아 다시 만든 재생 종이를 쓴다면 지구의 고대 원시림을 파괴하지 않아도 된다. 종이쓰레기의 40%가 매립되어 이산화탄소보다 온실가스효과가 21배나 높은 메탄을 배출하는 문제를 풀 수 있다. 재생종이 1톤으로 계산했을 때 나무 17그루를 지킬 수 있고, 평균 여섯 달 쓸 수 있는 에너지를 절약하며, 매립지 3입방미터를 줄이고, 물 31,870리터를 절약하고 75%의 대기오염을 줄일 수 있다. 천연펄프종이 1톤에 비해 재생종이는 에너지 43%를 적게 소비한다는 연구결과도 나와 있다. -정은영, 녹색연합 월간 『작은 것이 아름답다』 글 보듬지기

'재생지를 써서 환경을 살려야 해.' 생각은 늘상 해왔지만 말 그대로 생각뿐이었습니다. 재생지라고 값이 싼 것도 아니고, 거칠거칠한 종이에 인쇄는 잘될까. '종이가 머 이렇노. 후지다'라며 독자들에게 외면당하지는 않을까. 이런저런 걱정에 선뜻 실천하지 못했습니다. 아마 다른 출판사들도 비슷한 이유로 주저하고 있을 겁니다.

재생지는 출판사들이 많이 찾지 않으니 종이수급도 원활하지 않습니다. 종이를 주문할 즈음에 재고가 있으면 다행이지만, 만약 없으면 제지사에서 생산에 들어가길 무작정 기다려야 하고요.

하지만 이것저것 따지다 보면 재생지로 영영 책 한 권 못 만들겠다 싶어 두 주먹 불끈 쥐고 결단을 내렸습니다. 『강수돌 교수의 나

부터 마을 혁명』의 본문 용지로 재생지인 그린라이트80g을 썼습니다. 재고가 없을까 봐 제작 들어가기 2주 전에 지업사에 선주문도 해두었습니다.

재생지에도 레벨이 있는데, 고지(폐지) 함유량이 높을수록 착한 재생지라고 할 수 있습니다. 그린라이트지는 고지함유량이 20% 정도입니다. 20%밖에 안 되니 못된 재생지라구요? 아닙니다. 고지를 활용했다는 것 자체만으로 모든 재생지는 착한 종이입니다. 고지를 100% 활용해 만드는 재생지도 있습니다. 우리가 잘 알고 있는 신문지 같은 갱지류입니다. 진정한 재생지라고 할 수 있지요.

간행물윤리위원회에 신청해서 받은 재생종이 샘플북과 『출판저널』에 실린 '녹색출판 참여도서 목록'이 재생지를 고르는 데 많은 도움이 되었습니다. 목록을 들고 서점과 도서관을 뒤져 재생지를 쓴 책들의 실물을 확인했습니다. 도서출판 살림터의 책들이 많이 눈에 띄었습니다.

제작발주를 내고 실물 책이 나오기까지 무척 궁금하고 기대가 되었습니다. 처음 사용해보는 종이라서 걱정도 됐고요. 마침 블로그에 재생종이 관련 포스팅을 열심히 하고 있는 중에 책이 도착했습니다. 요리조리 돌려보고 만져보고 꼼꼼하게 책을 살폈습니다. 결과는 합격! 그림이 좀 거칠게 인쇄되긴 했지만 재생용지니 감수해야겠지요. 그 외엔 대체로 만족스러웠습니다. 무엇보다 책이 가벼워서 좋았고요.

녹색출판캠페인의 일원인 '재생지사용 인증마크'도 뒤표지에 박았습니다. 도서 내지의 80% 이상을 재생용지에 인쇄할 경우 '녹색

출판' 마크를 넣을 수 있습니다. 마크를 보니 뭔지 모르게 뿌듯했습니다. 종이가 좀 거칠고 누렇다고 구박하지 마시고 예쁘게 봐주세요. 진정한 독자들은 책의 가치를 알아주시겠지요.

재생지로 만든 첫 책『강수돌 교수의 나부터 마을혁명』은 신안리 마을 이장 강수돌 교수가 주민들과 함께 고층아파트 건설 반대 운동을 해왔던 5년여의 기록입니다. 출간까지 길고 힘든 과정이었지만 2010년 환경부 우수환경도서로 선정되어 저희를 기쁘게 해주었습니다. 재생지로 만든 책의 가치를 환경도서 심사위원님들께서 알아봐준 것입니다.

환경을 생각하는 것이 더 이상 '선택'이 아니라 '의무'인 시대입니다. 모든 책을 재생지로 만들 순 없겠지만 조금씩 해보려 합니다. 기껏 책 한 권 만들어놓고 너무 생색냈나요?(권문경, 2010년)

● 환경부 선정 우수환경도서

37

영화촬영지로 변신한
출판사 사무실

지난 주말 각종 촬영 장비를 양손에 바리바리 든 청년 여남은 명이 출판사에 들이닥쳤습니다. 부산 동서대 임권택영화예술대학 영화과 학생들이었습니다. 물론 방문 일주일쯤 전에 문의 전화가 왔습니다. "실습 작품을 만들고 있는데 출판사 사무실에서 영화촬영이 가능할런지요?" 저희는 청년들의 제안을 흔쾌히(사실 조금 고민 후) 받아들였습니다. 물론 장소 대여료 같은 것은 받지 않고요. 20대 대학생들이 등록금 내기도 버거울 텐데 무슨 돈이 있겠나 싶었죠.

영화 제목은 〈시간도둑〉입니다. 뭔가 의미심장하지요. 상영 시간 20분짜리 단편영화인데 그중 출판사 장면은 5분(2씬) 정도 나온다고 합니다. 2시간에서 5분은 미미하지만 20분 중 5분이면 꽤 비중 있는 장면이겠네요.

드디어 촬영이 시작됐는데 마감이 임박한 원고 때문에 편집장이 직원을 닥달하는 (아주 익숙한) 장면이었습니다. 5분을 만들기 위해 두 시간 넘게 촬영을 했습니다. 감독이 오케이할 때까지 같은 장면을 수도 없이 반복해서 촬영하더군요. 나중엔 듣고 있던 저희가 대사를 다 외울 정도였습니다. 대사를 동시에 녹음하니까 중간에

기차 지나가는 소리나 전화벨 소리 같은 방해꾼이 등장할 때마다 촬영을 다시 해야 하므로 쉬운 작업은 아니었습니다.

장소 섭외하는 데도 어려움이 많다고 합니다. 대부분은 허락을 잘 안 해준다네요. 번거롭고 업무에 방해도 되고 그러니까요. 처음 문의 전화가 왔을 때 저희도 어째야 하나 고민했는데 대표님께서 "열심히 사는 20대들의 기를 죽이면 안 되지."라며 흔쾌히 허락하셨거든요.

어려운 여건 속에서 20대 청춘들이 열심히 만든 영화 〈시간도둑〉은 단편영화제에 출품한다고 합니다. 거기서 좋은 결과가 나오면 부산국제영화제에 선보일 수 있는 기회도 생긴다고 하니 잘 돼서 영화제 때 볼 수 있으면 좋겠습니다. 저희가 늘상 일하는 공간이 영화화면 속에서는 어떤 느낌일지 정말 궁금하거든요.(권문경, 2010년)

시간도둑

제작 의도 : 자신의 일에 몰두하다 보면 시간의 부족함을 느끼게 되는 데 그것을 시간도둑이 시간을 훔쳐가서 부족하다고 설정을 하였다. 그리고 자신의 잘못된 생각을 고치지 못하고 계속 반복된 삶을 사는 것을 비판하고 싶었다.

연출 : 이하얀

조연출 : 황수희

촬영 : 황해섭

사운드 : 옥승희

제작 : 서정호

지역에서 행복하게 출판하기

38

EBS 휴먼다큐
〈인생 후반전〉 촬영기

〈인생 후반전〉이란 TV 프로그램을 아시나요? 한때 EBS에서 매주 금요일 저녁 10시 30분에 방영되던 휴먼 다큐멘터리로 전에는 〈인생 2막〉이라는 제목으로 방영됐었는데 봄 개편 이후 〈인생 후반전〉으로 이름이 바뀌었다고 합니다.

> 〈인생 후반전〉의 기획 의도: 인생의 역경과 장애물을 딛고 스스로 변화를 택해 성공을 거둔 드라마틱한 사연이 있는 사람들을 중심으로 한 휴먼 다큐멘터리. 인생의 후반전에 새로운 분야에 도전해 성공을 거둔 사람들의 사례를 통해 비전과 희망을 제시하고, 특히 직업 전환을 희망하는 사람들에게 새로운 기회와 가능성을 보여준다.

저도 평소에 EBS 방송을 즐겨 보는데 살다 보니 이런 날이 오네요. 출판사로 출연 요청이 들어왔습니다. 사실 저희 직원들은 조연이고 주인공은 대표님이랍니다. 30대 후반에 잘나가는 대기업을 그만두고 돈 안 될 것 같은 출판사를 그것도 부산에서(창업 준비 당시 업계 선배들께 조언을 구했는데 열이면 열 '부산에서 출판하지 마라'고 말렸다고 합니다.) 7년째 안 망하고 꾸려왔다는 사실이 프로그램

기획자의 마음을 움직인 것 같습니다.

드디어 촬영 첫날. 오후 2시쯤 카메라와 삼각대 등 방송 장비를 들고 출판사에 나타나신 PD님의 간단한 소개와 이런저런 질문이 끝나고 바로 촬영이 시작되었습니다. 앞서 PD님께서 주문하시길 '의식하지 말고 평소처럼 하면 된다'고 했는데 카메라 앞에서는 다들 긴장하기 마련이지요. 마이크를 달자마자 대표님 목소리가 달라지셨습니다.

카메라가 돌아다니자 주인공이 아닌 저도 좀 긴장이 되었습니다. 출간 준비 중인 『불가능한 대화들』 표지를 디자인하고 있었는데 갑자기 머릿속이 텅 비고 곁눈질로 계속 카메라의 위치를 확인하면서 '제발 이쪽으로 오지 마라'고 중얼거리고 있는 저를 발견했습니다.

실제 방송 시간은 30분(2011년 3월 25일 저녁 10시 30분)인데 편집해서 이 정도 분량을 만들려면 5일 정도 계속 촬영해야 한다는 말을 듣고 무서웠습니다. 역시 인간은 적응의 동물이라는 말이 맞는가 봅니다. 첫날은 카메라가 언제 들이닥쳐 질문을 던질지 좀 긴장했는데 하루이틀 지나니 다들 익숙해졌습니다. 출간 일정을 맞추느라 긴장할 틈 없이 업무가 바쁘기도 했고요.

근데 정작 주인공인 대표님은 '짤막한 방송 인터뷰는 여러 번 해봤지만 이런 다큐 촬영은 많이 다르다.'며 시간이 갈수록 힘들어하는 모습이었습니다. '왜 이걸 한다고 했을까' 하고 심하게 후회하는 듯 보이기도 했고요. 방송 섭외가 들어오고 출연할지 말지 고민할 때, 출판사를 홍보할 절호의 기회라며 저희가 좀 부추긴 측면도 있어서 내심 찔렸습니다.

촬영중인 노 피디님. 실제 촬영 때는 카메라를 들고 찍는데
책 소품 촬영하느라 잠깐 삼각대를 사용 중입니다.

　출판 관련된 질문에는 대답이 청산유수로 나오는데 개인적인
질문을 받으니 땀을 뻘뻘 흘리고 말수도 적어지고, 저희가 옆에
서 보기 안쓰러울 정도였지요. 얼마나 많은 사람들이 볼지 모르는
방송이라는 매체에 자신을 솔직하게 내보이는 게 쉬운 일은 아니
지요. 촬영 중에 몇몇 필자들께서 출판사에 방문하셨는데 카메라
를 보고 당황했지만 곧 상황을 알아차리고 다들 대처를 잘 하시더
군요.『불가능한 대화들』출간 때문에 교정지를 들고 오신 전성욱
선생님은 미리 준비라도 하신 것처럼 능숙한 언변으로 카메라를
휘어잡았습니다.

촬영 테이프를 꼼꼼하게 정리하는 PD의 모습

촬영 이틀째 급기야 PD님은 주인공의 사적인 이야기를 끌어내기 위해 '형'이라는 호칭까지 써가며 작전을 바꾸시더군요. '첫날치곤 잘한 거'라고 칭찬도 했다가 나중엔 '계속 이런 식이면 일요일까지 촬영하면서 옆에서 괴롭힐 거'라고 협박도 했다가 말입니다. 그 와중에 감기몸살까지 걸려 무지 애를 쓰셨답니다.

방송 피디의 하루하루를 5일 동안 곁에서 지켜봤는데 '극한직업'이라는 프로에 나와도 손색없을 만큼 장난이 아니었습니다. 카메라를 들고 있지 않을 때도, 하루 촬영을 끝내고 저녁을 먹을 때도, 머릿속은 온통 프로그램 생각으로 가득해 보였습니다. 어떡하면 인터뷰이를 잘 꼬드겨서 솔직 담백하고도 감동적인 이야기를 끌어낼까 하는.

요즘 방송계는 자체 제작하던 기존 시스템이 대부분 외주제작 체제로 바뀌면서 제작비가 깎여 무척 힘든 상황이라고 합니다. 출

지역에서 행복하게 출판하기

판계도 교정교열, 디자인, 제작, 마케팅까지 외주화가 급속도로 진행되고 있습니다. 기획만 전문으로 하는 출판사도 늘어나고 있고요. 제작 원가 절감이 그 이유 중 하나입니다.

'편집할 때 우리는 과감하게 잘라주세요'라고 PD님께 부탁했더니, 그래놓고 나중에 실제 방송 보고서 '나는 왜 이렇게 조금 나오냐고' 섭섭해나 말라고 하시더군요. 그간 경험으로 많이들 그러신다네요.

촬영은 무사히 마쳤고 저희는 마음 쓰이는 숙제 하나를 끝낸 후 다시 평화로운 일상으로 돌아했습니다. 좋은 책을 만들고 많이 팔아야 하는 숙제가 계속 남아 있긴 하지만 촬영하는 것보다 어려울까요. 〈소년, 꿈을 이루다 – 인생후반전〉은 2011년 3월 25일 금요일 저녁 10시 40분에 방영되었습니다.(권문경, 2011년)

39

거제도에서 열린
출판사 워크숍

여러분 지난 주말 뭐하고 보내셨나요? 저희 출판사 식구들은 지난주 금, 토요일 워크숍을 다녀왔습니다. 장소는 거제도의 도장포 마을. 지인이 소개해준, 바다가 보이는 펜션에서 1박 2일 동안 열심히(?) 공부했습니다. 실은 하루는 공부하고 하루는 열심히 놀았죠.

금요일 오후 2시쯤 출발했는데 거가대교를 지나 거제에 들어서

거제도 도장포 마을 풍경. 거제도 도장포마을은 '바람의 언덕'으로 유명하다.

니 빗방울이 굵어지고 안개가 심했습니다. 덕분에 거북이가 되어 해안도로를 타고 가는데, 길에서 조금만 벗어나도 바다에 풍덩 빠지겠더군요. 세 시간이나 걸려 목적지에 도착했지만, 거가대교 때문인지 심적으로 거제도가 훨씬 가깝게 느껴졌습니다.

포구에 유람선들이 보입니다. 해금강과 외도를 오가는 관광 유람선들입니다. 마을에는 빨간 지붕이 유난히 많

미로 같은 골목길. 오래된 마을의 정겨운 모습이 많이 남아 있었다.

습니다. 거제도의 다른 마을에도 빨간 지붕이 대부분이어서 무슨 이유가 있겠거니 했는데요, 나중에 알고 보니 거제시에서 신청자에 한해 지붕을 무료로 바꿔주는 사업을 벌였고 그때 너도나도 지붕을 바꾸어서 그렇답니다.

펜션 주인장은 "거제의 모든 마을이 천편일률적으로 빨간 지붕이다. 시에서 사업을 계획할 때 마을마다 다른 색으로 차별화를 시켰으면 더 좋았을 텐데…" 하고 아쉬워하셨어요. 공감이 가는 얘기였습니다. 환경을 정비하는 대규모 사업들은 첨부터 계획을 잘 세우는 게 중요한 것 같아요. 나중에 바꾸려면 비용이 더 드니 말이에요.

숙소에 짐을 풀고 바람의 언덕으로 산책을 갔습니다. 평일인데다 비가 와서 그런지 사람들이 많지는 않더군요. 바람의 언덕이지만 바람은 전혀 없었고, 덕분에 조용하고 한적한 바다 풍경을 즐길 수 있었습니다. 예능프로 출연 이후로 더 유명해져서 주말에는 관광객이 많다고 하네요.

열공모드 돌입

잠깐의 아쉬운 산책을 뒤로하고 숙소로 돌아와 바로 열공 모드로 들어갔습니다. 이번 워크숍의 주제는 '세계의 출판 현황'입니다. 영국, 일본, 미국, 중국의 출판에 대해서 각자 맡은 부분을 발표하고 토론하는 시간을 가졌습니다. 국내 출판 시장과 비교해볼 수 있는 좋은 기회였습니다.

얼마 전 대한출판문화협회에서 두툼한 책 시리즈가 왔습니다.

지역에서 행복하게 출판하기

이름하여 '세계 출판 컬렉션'. 세계 주요 국가의 출판 산업과 문화를 살펴보는 책으로, 대한출판문화협회에서 비매품으로 발간하였습니다. 한마디로 말해 아무나 구할 수 없다는 이야기입니다. 출판 관련 단체, 국·공립대학 도서관과 공공도서관 등에 배포하였다고 하는데 아마도 대한출판문화협회의 회원사에는 모두 보냈나 봅니다. 회원사가 이래서 좋군요.

출간의 직접적 의도는 국내 출판 경영자와 실무 종사자들에 대한 재교육의 일환이라고 합니다. 해외에서 출간된 우수한 출판 관련 도서를 엄선해 해외 출판 상황에 대한 포괄적인 이해를 돕고자 제작했답니다. 출판계 관계자는 물론, 일반인들도 전자책 시장의 현황, 세계적 베스트셀러 추이, 독서의 경향성 등을 확인할 수 있다고 합니다. 미국, 영국, 중국, 일본 등의 사례를 망원경, 현미경을 번갈아 들이대며 정리한 각국의 알짜배기 책을 기획, 번역했다

는 평가를 받았습니다.(서울신문 2011년 5월 14일 자)

귀한 책을 받았으니 이번 워크숍에서 이 책을 공부하기로 했습니다. 총 5권으로 된 시리즈인데, 각각 1권씩 나눠 읽고 발표 후 토론하기로 한 것이지요.

영국 출판산업 들여다보기

먼저 『영국 출판산업 들여다보기』(자일스 클라크·앵거스 필립스 지음, 박영록 옮김)는 출판산업에 대한 이해에서부터 저자 관리, 계약, 디자인, 마케팅, 유통 등 출판의 전 과정을 상세하게 담고 있는 개론서입니다. 영국의 사례를 담고 있지만 출판에 대한 전반적인 인식을 높일 수 있는 아주 유용한 책이었습니다. 현대 상업출판의 역사에서부터 시작해서 출판계에 취업하기 위해서는 어떻게 해야 하는지까지 상세하게 기술되어 있습니다. 소형출판사는 대형출판사에 자신들의 성공적인 저자들을 빼앗길 수 있다는 지적은 우리 출판사에도 뼈아픈 대목이었고, '성공적인 출판의 기본은 판매가 잘될 만한 좋은 책을 발간하는 것'이란 말은 너무나 당연하게 느껴지면서도 현실적으로 쉽지 않다는 측면에서 기본과 원칙에 충실하라는 이야기로 들렸습니다.

영국에서도 성인의 3분의 1가량은 책을 한 권도 구입하지 않는다고 합니다. 책은 도서관을 비롯한 여러 곳에서 무료로 빌릴 수도 있고 생필품도 아닙니다. 독자는 보통 한 권의 책만을 단 한 번 구입할 뿐 반복적으로 구입하지도 않습니다. 그랬을 때 다른 소비재 산업에서 쓰이는 마케팅 기법들이 출판 산업에서는 적절치 않습니다. 그렇다면 출판사의 마케팅 기법은 어떠해야 하는가, 고민이 되는 대목입니다. 영국 출판의 경우 수출 시장에서 매우 큰 성공을 거두고 있다고 합니다. 이는 영어라는 언어적 특성도 한 요인일 것입니다. 해외로 라이선스를 제공하여 얻는 인세나 기타 수입이 상당하다고 합니다.

미국 출판문화 들여다보기

『미국 출판문화 들여다보기』(테드 스트리파스 지음, 이문성 옮김)를 들여다보니 미국의 출판문화는 영국과는 달리 상당히 특징적인 부분이 있었습니다. 아마존의 성공과 킨들의 보급으로 인한 전자책의 활성화, 초대형 서점과 온라인 서점, 오프라 윈프리의 북클럽과 '해리 포터'까지, 오늘날 책 문화의 일상성 중에서도 가장 두드러진 미국적 특징들을 살펴보고 있는 책입니다.

중국 베스트셀러 들여다보기

중국은 여타의 경제적인 부문에서와 마찬가지로 출판 산업에서도 떠오르고 있는 신흥 강국입니다. 양적, 질적인 측면에서 모두 눈에 띄게 향상되고 있습니다. 『중국 베스트셀러 들여다보기』(다오스 지음, 송원찬·이건웅 옮김)는 1949년 이후부터 60년 동안 중국인이 즐겨 읽은 베스트셀러를 정리한 책으로, 현대 중국을 이끌고 있는 명사 39인이 자신의 삶을 바꾼 책읽기에 대해서 이야기하고 있었습니다.

제가 좋아하는 중국의 역사학자 이중톈은 "둘러보라, 주제를 보라, 맘대로 읽어라"라는 주제로 자신의 책읽기에 대해서 이야기하고 있는데요, 특히 "맘대로 읽어라" 이 부분이 제 맘에 쏙 들어오네요.

이중톈은 어릴 때 어머니께서 학교 자료실에서 자료원으로 일했기 때문에 책에 쉽게 접근할 수 있었다고 합니다. 안데르센이나 그림형제의 동화라든지 『아라비안 나이트』, 『해저 2만리』, 『투명 인간』 등의 책을 두루 읽었고 한때는 셜록 홈즈의 탐정소설에 빠지기도 했다니 중국이나 우리나라나 어린이들이 즐겨 읽은 책은 별로 다르지 않았던 것 같습니다. 고등학교 때는 루쉰, 궈모뤄 등 중국 현대문학과 셰익스피어, 톨스토이, 푸시킨이 남긴 명작들을 모두 읽었다고 하네요. 『시경』, 『논어』, 『맹자』 등 고전들 또한 두루 섭렵한 다독가였습니다.

삼국지 강의로도 유명한 이중톈은 강연을 하러 가면 학부모들이 "독서가 어디에 쓸모가 있느냐"는 질문을 많이 받는다고 합니다. 이에 이중톈은 이렇게 답합니다. "사실 독서가 가져오는 영향

　　　　　　　　지역에서 행복하게 출판하기

은 모두 무형이다. 독서의 '쓸모'를 중시하는 것은 모두 눈앞의 이익에만 급급한 마음으로 진정한 독서를 방해하는 것이다." 정말 맞는 말이라고 생각합니다. 석학이 다르긴 다르네요. 책에 관해서는 어떠한 규범이나 제한도 필요치 않습니다. "읽지 말아야 될 책도 없고, 반드시 읽어야 될 책도 없다. 내 영혼의 주인은 나다"라는 말에서 아직도 금서목록이 돌아다니고 있는 우리나라의 현실을 생각해봅니다. 책읽기를 통해 무언가 성과를 바라는 학부모들과 권장도서라는 이름으로 목록을 만들어 책읽기를 강요하는 독서교육의 현실이 오히려 책읽기를 방해하고 있지나 않는지 돌아보게 됩니다.

또한 이중톈은 "책을 빨리 읽어야 한다는 건 강요된 것이다. 그렇게 많은 책, 그렇게 많은 정보를 누가 다 읽을 수 있겠는가? 독자를 탓하느니 작가를 바꾸는 것이 더 낫다"라고 마지막 마무리를 하고 있었습니다. 책읽기로 '성과'를 내려 하고 '쓸모'를 중시하다 보니 한 권이라도 더 많이 읽어야 하고 그러려면 빨리 읽어야 합니다. 그러나 이건 강요된 책읽기라는 것이지요. 책읽기가 점점 더 싫어지고 힘들어집니다. 하지만 이중톈은 독자를 탓하지 않습니다. 차라리 작가를 바꾸라고 이야기합니다. 이는 출판 편집자로서도 뼈아픈 지적입니다. 책이 안 팔린다고, 독자들이 책을 읽지 않는다고 불평할 게 아니라 읽을 만한 책, 재미있는 책을 만들라는 이야기로 들립니다.

일본의 만화산업과 전자출판

일본의 출판계는 우리나라와 밀접한 관계를 맺고 있기도 하고 시장도 크기 때문에 『일본 만화산업 들여다보기』(나카노 하루유키 지음, 문연주·마사미 옮김)와 『일본 전자출판 들여다보기』(우에무라 야시오 지음, 김기태·김정명 옮김) 두 권으로 정리를 하였더군요. 일본은 만화대국입니다. 2002년 일본에서 출판된 만화 단행본의 신간 종수가 무려 9,829종이었다고 합니다. 전자출판 부분에서는 일본뿐만 아니라 미국을 중심으로 발전해온 전자출판의 역사, 디지털 환경의 변화, 미래의 전자출판에 대한 전망 등에 대해 상세하게 기술하고 있었습니다.(권경옥, 2011년)

40

히로시마에서 온 편지

히로시마에서 산지니 출판사 메일로 편지 한 통이 배달되었다. 그동안 일본 번역서는 여러 권을 냈지만 우리 책이 일본에 소개된 적은 없었기에 혹 일본 출판사에서 출간을 제안하는 메일이라도 보낸 걸까, 아니면 일본 책값은 무지 비싸다던데 혹 대량주문이라도 하는 거 아닐까 하는 갖가지 생각을 하면서 편지를 열어보았더니 다음과 같은 내용이 담겨 있었다.

안녕하세요. 저는 일본의 히로시마에 사는 여성입니다.

작년 책을 읽고, 부산의 부산포라는 식당에 대해 알게 되었습니다. 작가와 화가가 모이는 지적 술집으로 소개되기도 했습니다. 그것을 계기로 저는 부산에서 일어나고 있는 문화 활동에 대해서 알게 되었습니다. 중앙동이 여름 열린 이벤트에 대해서도 인터넷을 통해 정보를 얻었습니다. 백년어서원의 강의는 꼭 참가하고 싶었습니다만, 가입하려면 좀 더 한국어를 향상시키지 않으면 안 됩니다. 지역에서 문화 발신, 지역 색깔을 자랑스럽게 생각하는 사람들의 활동에 매우 감동했습니다. 또한 그러한 활동이 신흥 거리와 건물 아니라 정서 풍부한 변두리(오래된 거리)에서 일어나고 있다는 것이 또한 훌륭한 생각했습

니다. 부수적으로, 임성원 씨의 『미학, 부산을 거닐다』가 간행되어 있
다는 것을 알았습니다. 이번 부산을 방문하게 되었습니다. 부산포에
서 식사를 하는 것이, 이 책을 구입하는 것이 매우 기대됩니다.(아직
인터넷에서 목차만을 읽고 있지 않기 때문에, 읽기가 아주 손꼽아 합
니다.) 제 한국어는 아직 충분하지 않지만, 이 책을 구매하는 경우, 사
전을 인수하면서 노력하고 읽고 부산의 매력을 더 알고 싶은 생각합
니다.

바다를 끼고 일본에도 이러한 일련의 부산의 문화 활동을 응원하고
부산을 사랑하는 사람이 있다는 것을 알고 주셔서 싶어 메일을 보내
드렸습니다. 여러분의 앞으로의 더욱더의 활약을 기원합니다.

비록 한글 문장이 서툴긴 하였지만 타국에서 온 응원의 편지라
니. 이런 편지를 받으니 출판사 매출이 좀 시원찮더라도 좀 더 힘
을 내서 버텨야겠다는 생각이 들었다. 감사의 답장을 보내드렸다.

몇 달 후, 다시 편지가 왔다. 여름에 부산을 방문할 계획인데, 여
행가이드북에 나오는 유명한 관광지 말고 부산의 아름다운 일상
풍경을 볼 수 있는 곳을 추천해줄 수 있겠냐는 부탁이었다.

좀 막막해서 한참을 고민했다. 부산에 살고 있지만, 정작 나는
내가 사는 곳을 많이 모르고 있었다. 내가 외국에 여행을 간다면
그 도시의 어떤 곳이 궁금할까. 순전히 내 기준으로 몇 군데를 추
천해드렸다. 그런데 그중에서 '86번 버스 타고 산복도로 달리면서
부산 풍경 바라보기'를 하고 싶고, 낙동강변 '삼락생태공원'과 부
산의 향토서점 '영광도서'는 꼭 가보고 싶다는 답장이 왔다. 내가

추천한 곳이 마음에 들었나 보다. 또한 부산 여행길에 출판사를
들러도 되겠는지 물어서 흔쾌히 그러라고 했다.

가는 정이 있으면 오는 정도
있는 법. 일본 독자는 일본 히로
시마의 오노미치 거리를 소개해
주었다. 영화 촬영지로도 유명한
언덕이 많은 도시라고 한다. 사
진을 둘러보니 부산의 오래된 골
목길들과 아주 비슷한 분위기다.
히로시마에 가면 꼭 가봐야겠다.

오노미치 거리 풍경

무엇보다 반가운 건, 이분이 개인 블로그에 산지니에서 나온 부
산 관련 책들을 소개하고 있다는 것. 절판된 『영화처럼 재미있는
부산』부터 『부산을 쏜다』, 『김석준, 부산을 걷다』와 『서른에 떠난
세계일주』, 『부산을 맛보다』까지. 간결하지만 느낌 있는 책 소개
가 인상적이었고, 부산의 매력을 일본인들과 함께 공유하고 싶다
는 마음이 참 고마웠다.

드디어 부산을 사랑하는 일본 독자분이 아침 일찍 출판사를 찾
아왔다. 초등학생 딸과 유치원 아들, 엄마 이렇게 셋이서 여행을
나섰단다. 그동안 히로시마에서 야마구치 현으로 이사를 하셨단
다. 남편은 일하느라 같이 못 왔다고 하신다. 일본이나 우리나라
나 이렇게 일하느라 바쁜 남자들이다.

시모노세키에서 저녁에 페리 타고 아침에 부산항에 도착했단다. 서면에 가서 칼국수 한 그릇 먹고 출판사로 바로 왔단다. 엄마는 밝은 인상에 아주 미인이고, 아이들은 까무잡잡한 개구쟁이 포스가 느껴지는데, 낯선 곳이라 그런지 엄마 옆에 딱 붙어 있다. 밤새 배를 타서 그런지 약간 피곤해 보였다.

출판사에 먹을 것도 별로 없는데 마침 간식으로 가져온 떡이 있어 유자차를 곁들여 꼬마손님들을 대접했다. 그런데 어라? 이 녀석들이 떡을 너무 잘 먹는다. 동생이 많이 먹겠다고 잔뜩 제 앞으로 가져다놓은 걸, 누나는 체면이 있으니 싸우지도 못하고…. 더 갖다 주니 잘도 먹는다. 노란색 콩고물 시루떡인데 엄마가 노란 게 뭐냐고 물어본다. '콩'이라 했더니 못 알아듣는다. 그런데 이분, 스마트폰을 꺼내더니 한글 자판을 열어주며 써달라 한다. '콩'이라고 쓰니 바로 사전 검색에 들어간다.

전자책 단말기 '킨들'도 꺼내서 보여준다. 우리 산지니 블로그에서 다운받은 글도 저장해놓고 있었다. 전자책으로『엄마를 부탁해』같은 한국소설도 즐겨 읽는다고 한다.

출판사 식구들을 위해 선물까지 챙겨 왔다. 일본 전통 종이로 만든 수첩이다. 출판사 식구들 숫자에 맞춰 가져오셨다. 정성이 느껴지는 선물이었다.

우리 블로그에서는 〈책 만드는 엄마의 아이 키우기〉 글들을 재미있게 보았다며 그림책도 한 권 가져오셨다. 안노 미쯔마사라고 일본의 유명한 그림책 작가인데, 히로시마에 사신다고 한다. 글자 없는 그림책이라서 일본책이지만 따로 번역이 필요 없다. 세심한

지역에서 행복하게 출판하기

안노 미쓰마사의 그림책(오른쪽 위)
일본의 골목길 사진집(왼쪽 위)
출판사 식구 숫자에 맞추어 가져오신 수첩
(아래)

마음 씀씀이가 엿보였다.

또 다른 책도 주신다. 일본의 골목길을 찍은 사진집인데, 역시 번역이 필요 없는 책이다. 어딜 가나 일상이 묻어 있는 곳은 정감이 간다. 지난 번 편지에서 언급했던 『미학, 부산을 거닐다』를 선물로 드렸다. 한글 공부 열심히 해서 읽어보시길….

근처에 구경시켜드릴 만한 곳이 있을까 고민하다가 아이들도 함께 왔기에 어린이전문서점 '책과아이들'에 모시고 갔다. 마침 책

어린이전문서점 '책과 아이들'에 서 일본 방문객의 초등학생 딸이 유심히 그림책을 바라보고 있다.

과아이들 김영수 공동대표님께서 계셨 는데, 이분은 언제 또 일본어를 공부하 셨는지 유창한 일본말로 친절하게 이 방 저 방 안내를 해주신다.

그림책은 만국 공통인지라, 집에서 보던 그림책을 타국에서 만나면 더 반 가울 것이다. 아까 선물로 받았던 히로 시마의 그림책 작가 안노 미쯔마사의 그림책을 여기서도 찾아냈다. 우리는 책으로 통한다. 책을 좋아하시는 이분 도 그래서 출판사에도 관심을 가지시

는 거겠지? 오후에는 서면 교보문고에 가볼 거란다. 숙소를 물어 보니 장전동 모 대학교수님 댁에서 이틀 동안 홈스테이를 한다고 한다. 그리고 내일은 버스 타고 안창마을에 간단다. 우리가 알려 준 86번 버스일 것이다.

그냥 관광지만 휘리릭 둘러보는 여행이 아니었다. 여행 전에 한 국어도 배우고, 부산의 문화에 대해 이것저것 알아보고 공부해서 이 가족은 진짜 여행을 하고 있었다.(권경옥, 2011년)

지역에서 행복하게 출판하기

41
십 대 소녀들의 하하 호호
산지니 방문기

기자 분들이 출판사를 방문하는 일은 많았으나 고등학교 학생들이 찾아오는 일은 드물었다. 그러고 보니 처음 전화 받았을 때 앳된 목소리로 방문 일정을 조심스럽게 물어보고는 방문을 허락하자 수화기 너머로 기쁨의 환호성을 질렀던 학생들의 웃음소리가 기억난다. 그렇게 양산에 있는 고등학교 학생 네 명이 직업탐색 프로그램으로 산지니 출판사를 방문했다.

당일 아침, 학생들의 방문에 나 역시 긴장했다. 약속시간이 다 되자 복도 끝에서부터 수화기 너머로 들었던 웃음소리가 들린다. 그 웃음소리는 출판사에 들어온 이후로도 하하 호호 끊이지 않았는데 십 대의 푸름이 가을 날씨의 쌀쌀함도 무색하게 했다.

한눈에 훤히 보이는 사무실이지만 왠지 학생들에게 이곳저곳을 소개해줘야 할 것 같다. 자리에 앉고 인터뷰 준비를 마친 학생들은 어느새 웃음기를 닦아내고 사뭇 진지한 표정으로 출판에 대해 궁금증을 쏟아낸다. 우리 출판사의 언론담당 대표님, 언제나 막힘이 없다. 대표님은 학생들이 궁금해하는 책이 만들어지는 과정이나 유통되는 방법, 책의 특성 등 전반적인 출판에 대해 설명하셨다.

이어서 학생들은 마음속에 품은 진짜 질문인 듯 조심스럽게 편집자의 자격에 대해 묻는다. 기자 분들이 방문했을 때는 편집자의 자격에 대해 묻지 않으니까 좀처럼 듣기 힘든 질문인데 학생들이 물으니까 내 귀도 쫑긋 선다. 대표님은 편집자라면 원고를 읽어내는 문해력과 작가와 소통하는 능력이 중요하다고 말하셨다.

음… 문해력과 소통능력. 나, 어울리는 사람인가 하고 혼자 심각해진다. 어쩌면 평생 고민해야 할지 몰라, 무언가가 된다는 건. 그래도 근사한 일이야, 그런 말을 중얼거리는 나 자신이 조금 우스워진다. 꿈을 찾아 산지니를 방문한 소녀들이, 가장 자신답게, 좋아하는 곳을 향해 계속해서 걸어가길 바랐다.(윤은미, 2012년)

지역에서 행복하게 출판하기

42
개구리 납품 완료

2011년 2분기 우수문학도서에 김곰치 르포산문집 『지하철을 탄 개미』(이하 개미)가 선정되었습니다. "남루하고 비루한 것들에 애정을 가진 시선이 돋보였다." 『개미』의 선정 평입니다. 1분기에는 나여경 소설집 『불온한 식탁』이 소설 부문에 선정되었는데 얼씨구~ 연이어 기쁜 소식이네요. 애써 만든 책을 인정받는 기분, 뿌듯합니다!

2분기 우수문학도서는 2011년 1월 1일부터 3월 31일까지 발간된 국내 신간 중 문학도서만을 대상으로 했습니다. 모집 부문은 시, 소설, 아동청소년, 수필, 희곡·평론 5개 부문 6개 장르입니다.

수필 (6종)

번호	도서명	저자	출판사	비고
1	나의 고릿적 몽블랑 만년필: 오래된 사물들을 보며 예술을 생각한다	민병일	아우라	
2	산들내 민들레	김규성	문학들	
3	지하철을 탄 개미	김곰치	산지니	
4	땅 살림 시골 살이	전희식	삶이보이는창	
5	무문관일기	동은스님	웅진씽크빅	
6	프로방스에서의 완전한 휴식	정수복	문학동네	

수필 부문 총평 : 다루는 대상의 제한도 없고 형식적 틀도 없는 것이

수필의 가장 큰 특징이기는 하지만 평론적 성격의 것은 훌륭한 사색과 문체에도 불구하고 제외하였다. 문학작품의 독서에서 촉발된 깊은 성찰에 바탕을 둔 삶의 이야기를 담은 글로 일관된 책은 그 감동에도 불구하고 수필의 정수에 해당된다고 보기는 어렵기 때문이다. 우리말의 어휘에 대한 역사적 통찰에 입각하여 삶의 흔적까지 추적한 글이라든가 널리 알려진 훌륭한 인물에 대한 추적을 통해 살아가는 것에 대한 의미를 되새기는 것 등도 그러하다. 기행문도 수필에서 빠뜨릴 수 없는 성격의 글이기는 하지만 한 지역에 대한 박람식의 책도 선정하지 않았다. 이런 종류의 글을 빼고 나머지 책 중에서 자기만의 대지에 뿌리를 내리고 이 과정에서 얻은 순도 높은 성찰을 독특한 문체로 쓴 것들을 뽑았다. 산중의 절이든, 농촌과 도시의 각박한 현장이든, 이국의 낯선 고장이든 여유 있는 호흡과 겹이 있는 언어로 풀어낸 작품들이 큰 울림을 주었다. 이 성격의 책 중에서 지역에서 나온 것은 문화의 서울 중심성을 극복해야 한다는 차원에서 가점을 주었다. 사진과 그림 등으로 무장한 좋은 수필집들이 우리 문학의 폭을 넓혀간다는 예감을 지울 수 없었다.

『지하철을 탄 개미』 초판 1쇄분 재고가 얼마 없어서 우수도서 납품을 위해 2쇄 제작 발주를 넣었습니다. 제작 일정을 확인하느라 제본소 담당자님과 통화하는 중 곤충인 '개미'가 양서류로 바뀌는 사건이 있었습니다.

"저희 책 언제 나오나요?"

"아, 그 '개구리' 말이죠? 그거 납품 완료했는데요."

"개구리요?"

"개구리 아니었나? 허허허."

"개미거든요. 호호호."(권문경, 2011년)

43

다시 살아나는 책

　2006년 봄에 출간된『우리 옆의 약
자』라는 책이 있다. 1쇄 1,000부를 7
년 동안 팔고 이제 10여 권이 남았다.
수익면에서 보자면 진즉 절판했어야
할 정도로 회전율이 낮았지만 물류
회사에 추가 할증 관리비까지 내면서
도 절판시키지 않았다. 마지막 한 권
까지 책을 찾는 독자가 있다면 만나
게 해주고픈 마음에서다.(사실 책이 아
까워서 절판 못 시켰다. 어떻게 만든 책인데.)

　한동안 주문이 가뭄에 콩 나듯 뜸했는데 지난주 교보문고에서
주문이 들어왔다. 몇 권 안 남은 재고 중 제일 깨끗한 책으로 골라
보내고 일시품절을 걸어두었다. 이제 마음의 준비를 할 때가 온
것이다.

　그런데 갑자기 교보문고, 알라딘, 서울문고, 송인서적 등에서 주
문이 쏟아졌다. 뭔 일이지? 우리 옆의 약자들에 대해 그동안 없던
관심들이 갑자기 생기기라도 한 걸까?

저녁 때 한 독자에게 전화가 걸려왔다. "『우리 옆의 약자』구할 수 없나요?(맞다. 힘을 합쳐 '우리 옆의 약자'들을 구해야지. 이제 세상이 좀 제대로 돌아가는구나.) 제가 이 책을 꼭 좀 읽어야 하거든요." 교보문고, 서울문고에 주문을 했는데 책이 없다는 답을 듣고 출판사에 직접 연락을 했다는 것이다. 추적해보니 고려사이버대학 상담심리학과정의 토론 교재로 채택이 된 것. 곧바로 2쇄 500부를 찍었다. 책의 운명이란 이런 걸까.

『우리 옆의 약자』는 이 땅에서 차별받고 힘들게 살아가고 있는 소수자들 이야기다. 우리 옆에 살고 있으며 우리가 결코 외면할 수 없는 우리 사회의 약자들을 찾아 취재한 생생한 현장 기록이다.

오래전 이야기지만 7년이라는 시간이 무색할 정도로 2013년 지금의 현실이 그때와 별반 다를 게 없다. 차별받는 그때의 '소수자'들이 지금 오히려 '다수자'가 되고 있다. 『우리 옆의 약자』도 극적으로 살아남았다. 살아남은 『우리 옆의 약자』는 전국 주요 서점과 온라인서점에서 사 볼 수 있다.(권문경, 2013년)

고국의 가족들에게 안부 전화 하는 이주노동자들. 안산 '국경 없는 거리'의 진풍경이다.(본문 23쪽)

44

부산 지하철 역사에 붙은
『1980』 포스터

　신간 『1980』 홍보포스터가 나왔습니다. 200장을 제작해 100장
은 11월 1일에 열릴 저자 만남 홍보를 위해 영광도서에 보내고, 나
머지 100장은 부산 지하철 노조 게시판에 붙였습니다. 지하철 1호
선부터 4호선까지 100여 개가 넘는 역사에 포스터를 붙이는 쉽지
않은 작업이었습니다.

요즘 누가 지하철 게시판을 볼까… 다들 걸어다니면서까지 스마트폰을 보느라 정신이 없는데… 힘 들인 만큼 홍보효과가 있을까… 회의적인 의견도 있었지만, 한 명이라도 포스터를 보고 오지 않겠나 하는 조금은 무모하지만 절실한 마음으로 포스터 홍보를 결정했었습니다.

그리고 지난 주말, 대표님과 이학천 기획위원이 꼬박 이틀간 발바닥에 땀나도록 부산 지하철 역사를 돌아다녔습니다.

『1980』은 1980년, 부산의 5월과 당시 20대였던 한 청년의 삶을 다룬 장편소설입니다. 포스터 덕분인지 지난주에는 영광도서 베스트셀러 10위에 오르기도 했습니다.(권문경, 2011년)

45
권 디자이너, 타이베이와
도쿄 도서전에 다녀오다

타이베이국제도서전 참관기

김해공항을 출발한 지 2시간 20분 만에 타오위안 국제공항 도착. 대만이 이렇게 가까운 곳이었다니. 공항버스를 타고 타이베이 시내로 향했다. 창밖 풍경이 우리와 크게 다르지 않다. 논과 밭, 공장, 나지막한 주택가, 숲과 나무들이 획획 지나가고 곳곳에 고가차도 공사 중이다.

타이베이국제도서전 전시 1관 전경

지역에서 행복하게 출판하기

고속도로를 벗어나 타이베이 시내에 가까워지는 모양이다. 신호 대기 시간이 점점 길어진다. 신호를 기다리는 차들을 상대로 꽃을 파는 여자. 이건 좀 다른 풍경이다. 우리는 뻥튀기나 군밤 같은 먹거리를 파는데….

시내로 들어서자 교통이 혼잡해져 버스는 움직이는 시간보다 서 있는 시간이 더 많다. 오토바이 부대들이 자동차와 뒤섞여 달리는 모습이 조마조마하다. 숙소 근처 MRT 역인 중샤오푸싱 역에 내려야 하는데 중국어 안내방송이 생각만큼 들리지 않는다. 성조가 독특한 중국어는 그 소리가 그 소리 같다. 차를 타면서 한자로 역명을 적은 쪽지를 기사님께 보여드렸으니 믿어볼 수밖에.

친절한 기사님 덕분에 무사히 숙소에 도착해 짐을 풀고 저녁을 먹으러 아름다운 강변 풍경과 놀거리 먹거리가 어우러진 담수이로 향했다. 처음 타본 MRT 내부는 의자 방향이 제각각이어서 우리처럼 맞은편에 앉아 있는 사람과 눈 마주칠 일이 없다. 열차 안이 사람들로 혼잡했지만 노약자석은 빈자리가 많다. 준법정신이 투철한 타이베이 사람들이다.

담수이가 유명 관광지라 그런지 광장에 장애인들이 기타나 악기 공연을 많이 하고 있었다. 불편한 손으로 기타를 연주하는 가수의 노래가 휘황한 불빛 사이로 슬프게 들렸다. 이방인의 동정이 도움이 될까. 동전 한 닢을 넣었다.

끝이 안 보이는 야시장 먹자골목에 들어서니 갑자기 심장이 두근거리고 머리가 바빠졌다. 이 많은 것 중에 도대체 무얼 먹어야 하나. 할머니의 손맛이 느껴질 것 같아 선택한 핫도그와 군만두.

맥주 안주로 오징어구이 한 마리. 사람들로 북적대는 걸 보니 맛집인가 싶어 위완탕 한 대접. 보이는 대로 먹다 보니 속이 니글거려 전주나이차 한 잔.

다음 날, 타이베이국제도서전이 열리고 있는 타이페이세계무역센터에 도착했다. 도서전은 총 6일간 열리며 첫날은 프로페셔널데이로 출판관계자들과 장애인들만 입장할 수 있고 나머지 5일은 일반인들도 관람할 수 있다.

입구에 늘어선 긴 줄을 보니 출판관계자들이 이렇게 많은가 싶었다. 책 한 권이 출판 유통되기까지 작가, 편집자, 디자이너, 인쇄소, 지업사, 홍보대행사, 에이전시, 서점 등 많은 직종의 전문가들이 관여하게 된다.

전시장은 36,414평방미터로 베이징도서전에 이어 아시아 최대 규모라고 한다. 전시 1관은 일반도서, 2관은 만화 애니메이션, 3관은 아동도서를 전시하는데 전시관이 각각 다른 건물에 있어 도서전의 규모를 짐작할 수 있다.

이번 도서전의 주제는 '즐거운 독서(Joyful Reading)'. 개막식에는 많은 취재기자들과 관계자들이 참석해 인파를 이루었다. 국제도서전에 대한 국가와 국민의 관심도는 주최국의 문화 수준을 가늠해볼 수 있는 척도가 아닐까. 전시장 규모와 방문자 수로만 판단할 수는 없겠지만 출판에 대한 관심과 참여의 열기가 수준급임을 느꼈다. 타이완 출판 시장은 9,000개의 출판사에서 매년 4만여 종의 신간이 발행되며, 번역서 비중은 20% 정도인데 그중 아동서와 청소년물이 40% 이상을 차지하고 있다고 한다.

지역에서 행복하게 출판하기

전시 1관은 해외 출판사를 초청하여 전시하는 '국제 도서 구역'과 대만 국내 출판사들을 만날 수 있는 '종합 도서 구역' 그리고 디지털 출판 관련 하드웨어 및 소프트웨어를 전시하는 '디지털 도서 구역'으로 나뉘어 있다.

'국제 도서 구역'에서는 주제국인 벨기에를 비롯하여 한국, 홍콩, 일본, 프랑스, 독일, 스페인, 미국, 오스트레일리아, 핀란드, 칠레, 이탈리아 등 세계 여러 나라의 책들을 구경할 수 있었다.

해외 도서전에서 만나니 더 반가웠던 산지니 책들과 한국관 풍경.

한국 출판관에는 10여 개 한국 출판사들이 독립부스를 꾸미며 참가했고 산지니도 대한출판문화협회를 통하여 세 권의 책을 위탁 전시했다. 부산 오면 꼭 먹어봐야 할 부산경남 맛집 산책『부산을 맛보다』와 조갑상 장편소설『밤의 눈』, 부산스토리텔링북『길 위에서 부산을 보다』 등이다. 우리 말고도 보리, 문학동네, 서해문집, 창비 등 12개사가 위탁전시에 참여하여 53종의 책을 전시했다.

에이전시로는 유일하게 참여한 캐럿코리아에이전시 대표님을 만나 이야기를 나눴다. 한국관 규모가 생각보다 작다고 했더니 역시 작년에 비해 참가 규모가 절반으로 줄었다고 한다. 저작권 계약이 이루어지는 분야도 대부분 아동서와 실용서에 편중되어 있고 대만 출판관에 공지영 작가의 신작을 소개하는 포스터가 눈길을 끌고 있지만 그것은 한국의 초대형 베스트셀러 작가인데다 미국 에이전시를 통했기에 가능한 일이었다고 한다.

산지니도 〈꿈꾸는 보라매〉 시리즈로 아동청소년 도서를 내고 있지만 주력은 아니라서 출판 저작권 수출이 쉽지 않음을 다시 한번 실감했다. 중국어권 전문가의 비관적인 얘기에 다소 의기소침해졌지만 현실을 제대로 아는 것이 중요하다는 생각이 든다. 그래야 현실의 벽을 넘어설 방법도 고민해볼 수 있을 테니까.

둘러보던 중에 한국말이 통하는 대만 청년을 만나 반가웠다. 대만 문학과 작가, 유품들을 소개하는 특별전에서 안내원으로 일하고 있는 정관중 씨. 1년간 교환학생으로 한국에서 공부했던 적이 있단다. 오는 4월에 한국을 방문할 예정인데 부산 감천문화마을에 꼭 가보고 싶다고 한다. 부산에 살고 있는 나도 아직 못 가봤는데.

진에어, 이스타항공 등 부산과 타이페이를 저렴하게 오갈 수 있는 직항로가 많이 생기면서 대만의 20~30대들에게 부산 관광이 뜨고 있다고 한다. 친구들이 한국 어디가 좋냐고 물어보면 꼭 부산을 추천한다는 관중 씨. 한 청년의 주관적인 호감일 수도 있지만, 바다, 산, 강 풍경을 모두 볼 수 있는 부산은 누가 봐도 매력적인 도시다.

책의 열기로 뜨거워진 도쿄 빅사이트 전시장

도쿄국제도서전(TIBF, Tokyo International Book Fair)은 도쿄 오다이바의 빅사이트 전시장에서 4일간 열렸는데 장마 기간이라 내내 흐리고 비가 오락가락했다. 엄청 덥고 습하다는 섬나라 기후. 내심 걱정했는데 바다가 가까운 부산과 크게 다르지 않았다.

요즘같이 살림살이 어려운 때 '힘든 때일수록 멀리 봐야 한다'는 지론 아래 선뜻 해외 출장을 지원해주신 대표님께 감사의 말씀을 드린다.

행사장 들어서자마자 시선을 끄는 아주 작은 그림책이 보였다. 가로 세로 10×4센티미터 정도. 이렇게 작은 것도 책인가? 책이다. 작아도 가격은 만만치 않았다. 페이지마다 움직이는 동작을 그려 넣어 책을 잡고 처음부터 끝까지 휘리릭 넘기면 움직이는 애니메이션처럼 보였다. 책 한 권 보는 데 3~4초면 끝. 휘리릭 휘리릭. 키

득키득. 스고이~

많은 책들이 20% 정도 할인판매 중이었다. 한국에서는 온라인 서점을 이용하면 방금 나온 신간도 19% 할인가(2014년 11월 말 도서 정가제 개정 이후부터 직접할인 10% 간접할인 5% 해서 총 15%)로 살 수 있지만, 일본은 완전도서정가제가 시행되고 있으므로 평소에는 정가로만 책을 살 수 있다고 하니 염가로 구매할 수 있는 도서전이 애독자들에게 절호의 기회일 것이다. 그래서 이렇게 사람이 많은가.

내 눈에는 그림일 뿐인 일본어의 홍수 속에 슬슬 지쳐갈 무렵 눈에 띈 '안녕'이라는 두 글자가 어찌나 반갑던지. 1938년에 설립된 오랜 전통의 샨슈샤 부스 상단에는 Bonjour, Guten tag, Hello, 你好, 안녕 등 각 나라의 인사말이 적혀 있다. 어학 관련 책이 주력인가 보다. 파란색 유니폼을 맞춰 입은 직원들이 일렬로 서서 '이랏샤이마세'를 절도 있게 외치는 모습이 인상적이었다.

고단샤 부스 중앙에는 큰 공룡 한마리가 떠억 버티고 있다. 파란 막대기로 옆구리를 찌르니 소리를 내며 움직인다. 물론 팔이나 다리를 찔러도 소리를 지른다. 성능 좋은 센서가 들어 있나 보다. 아동용 전집을 집중 홍보 중인 것 같았는데 어른들이 더 좋아한다.

많은 책을 전시하기 적합한 서가 형태의 부스를 꾸민 가와데쇼보신샤. 빽빽이 꼽혀 있는 전집과 단행본들이 출판사의 이력을 보여준다. 한국에 소개된 소년 점프 등으로 유명한 슈에이샤는 『데스노트』와 『엣지 오브 투모로우: All You Need Is Kill』을 집중 홍보하고 있다. 2004년 출간된 문고판 라이트노벨이 10년 세월을 뛰어 넘어 다시 부활한 이유는 얼마 전 이 소설을 원작으로 한 할리우드 SF액션영화가 개봉됐기 때문이다. 운도 좋다.

인문사회 출판사들은 한쪽에 따로 모여 있는데 부스 규모는 작지만 사람들로 북적였다. 그중 이와나미 출판사는 전시 중인 책 대부분이 총서와 시리즈물이어서 특별한 이유라도 있는지 물었더니 제작원가 절감이 큰 이유라고 한다. 아무래도 단행본에 비해 북디자인비가 적게 든다고.

주빈국인 말레이시아 전시관에는 여러 그림책과 말레이어로 번역 출판된 한국 소설도 있었다. 처음 접해본 이란의 문자는 그림 같았는데 외국인이 한글을 보면 이런 느낌일까. 사우디아라비아 전통의상을 직접 입어볼 수 있는 체험관도 인기였다.

여러 출판사가 공동으로 전시하고 있는 중국 책들은 빨간색 표지가 압도적으로 많았고, 한국관에 독립 부스로 참가한 곳은 세 군데 정도였다. 작년에 한국이 주빈국이었던 영향 때문이겠다.

우리에게 애니메이션 〈우주소년 아톰〉으로 유명한 데즈카 오사무의 만화책들과 관련 캐릭터 상품이 진열돼 있다. 원소스 멀티유즈의 전형을 보는 듯했다. 인형, 카드, 손수건, 가방, 컵, 핸드폰 케이스 등 관련 상품이 수십여 가지가 넘고 물건을 사 가는 사람도 많았다.

종이책처럼 오래 읽어도 눈이 덜 피로하고 저렴한 가격(만 엔 조금 안 됨)이 장점인 e-ink 방식의 전자책 전용 리더기도 전시 중이었다. 다기능의 스마트패드에 밀려 조만간 시장에서 사라질 거라는 설이 있지만 독서에 몰입하기에는 산만한 스마트패드보다 오히려 나을 것 같다.

다이니폰인쇄에서 POD(print on demand, 주문제작) 인쇄기로 제작한 책들은 인쇄 품질이 훌륭했다. 출판 산업에서 다품종 소량생산의 정도가 더욱 심해지고 있으므로 앞으로 POD 제작 방식이 대세가 될 것이다.

전시장 한켠에는 일본 북디자인 대회에서 수상한 책들을 전시하고 있었는데 볼거리가 많아 관람객들에게 인기였다.

한 면에 내용이 한 줄만 들어 있거나 곡선으로 재단한 아름다운 띠지를 두른 책, 표지와 면지 색의 조화가 세련되어 눈길이 가는 책 등. 심지어 본문에 열 가지 종이를 사용한 책도 있었다. 각기 다른 종이가 주는 질감과 색감으로 내가 본 책 중 가장 화려한 배를

지역에서 행복하게 출판하기

가진 책이 아닐까. 보통의 책들은 배가 허옇기만 한데 말이다.

디자인이 좋은 책에 일본어사전이 있어서 깜짝 놀랐다. 손에 쏙 잡히는 판형에 무척 가볍고 본문 편집은 또 얼마나 보기 좋고 알차게 되어 있던지 일본어를 배워서 읽어보고 싶은 생각이 들 정도였다. 출판사 워크숍 때 〈행복한 사전〉이라는 일본 영화를 봤는데 '15년에 걸친 사전 만들기 프로젝트'라는 영화 소개 문구만 봐도 사전 한 권 만들기가 단행본 수십 권 만들기보다 더 어렵다는 걸 짐작할 수 있다. 전자책의 등장으로 종이 사전은 거의 유물 취급받고 있는 걸로 아는데 일본의 종이 사전은 아직 죽지 않았나 보다. 아니면 살려보려는 몸부림일지도.

책이 단순히 지식과 정보를 전달하는 기능적인 물건이 아니라 보고 감탄하고 소장하고 싶은 예술작품이 될 수도 있겠구나 하는 생각이 들었다. 창의적인 아이디어와 섬세한 감각이 돋보이는 아름답고 독특한 일본 책들을 한눈에 볼 수 있어 북디자이너로서 많은 영감을 얻은 좋은 기회였다.

관람을 마치고 나가는데 벌써 내년 전시 부스를 예약 판매하고 있다. 어느새 날이 어둑어둑해지고 비도 추적추적 내린다. 저녁은 신주쿠에 가서 따끈한 무사시 라멘 한 사발로 때웠다.(권문경, 2013~2014년)

47

양 편집자, 스웨덴 예테보리 도서전을 떠나다

2013년 늦가을에 열린 프랑크푸르트 도서전의 한국관에는 산지니의 책 『밤의 눈』이 대한출판문화협회 해외사업부를 통해 위탁 전시되었습니다. 그해 저는 독일이 아닌, 북유럽도서들을 소개하고 전시하는 스웨덴 예테보리도서전을 다녀왔는데요. 출판문화산업진흥원의 공지에 올라온 게시물을 봤던 게 계기가 되었습니다. 당시 대표님께서 "아름 씨가 한번 다녀오는 게 어떻겠습니까?"라고 물으셨지만, "글쎄요…. 영어도 잘 못하는 제가 해외출장을 어떻게…." 하고 얼버무렸던 게 기억이 납니다.

저희 출판사는 그간 프랑크푸르트, 도쿄, 베이징, 타이베이 등 아시아 국가와 서유럽국의 도서전은 몇 차례 다녀온 적이 있습니다. 유수의 저작권 에이전시처럼 해외 도서 저작권을 직접 수입하거나, 출판사의 저작을 직접 거래하여 수출하려는 거창한 목표는 아니었지만 해외의 출판사 사례를 통해 참고할 만한 기획이 있는지 살펴보고 번역할 만한 외서를 찾아 오는 데 주안을 두었습니다. 하지만 저에게 북유럽은 너무 생소하기만 했습니다. 북유럽의 생소함은 뒤로하고, 진흥원의 공지에서 중요한 부분이 있었으니 그것은 "여행 경비 그리고 최대 4일간의 숙박 및 도서전 세미나 입

도서전 박람회장 후문 입구

장권"을 무료로 제공한다는 점이었죠. 이런 기회가 흔치 않을 텐데 생각하니 언어의 미숙함을 이유로 지원조차 하지 않는다는 점이 어리석게 느껴졌습니다.(수혜 후 알게 된 사실이지만 '전액 무료'는 아니었어요^^;) 대학 졸업 후 거의 쓰지 않던 영어로 지원서를 작성했고, 작성된 지원서를 번역자이자 소설가이신 황은덕 선생님에게 보내보았습니다.

"선생님. 제가 스웨덴 문화예술위원회(Swedish Arts Council)에서 지원하는 도서전에 참가할까 하는데요. 지원서를 메일로 보내드릴 테니 한번 살펴봐주시겠어요?"

평소 선생님의 번역문을 제가 국문으로 교정하는 것과는 정반대로 황은덕 선생님께서는 저의 엉성한 영문을 세련된 영어로 윤문해 주셨습니다. 황은덕 선생님의 멋진 지원서 덕분인지 스웨덴 문화예술위원회 측으로부터 지원 허가 메일을 받을 수 있었습니다.

부산에서 인천으로, 인천에서 네덜란드로, 네덜란드에서 스웨덴으로 경유하는 다소 빡빡한 여행일정 속에서 밤늦게 도착한 예테보리는 참 낯설었습니다. 택시를 타고 호텔로 향하는 길에 한화약 7만 원에 해당하는 비용을 지불하고 숙소까지 무사히 도착하자 호텔에서 저를 반긴 건 주최 측의 편지와 도서전 4일 입장권이었습니다. 실제로 도서전 입장권을 일반 관람객이 구매하기 위해서는 십오만 원가량의 입장료를 지불해야 한다고 하니, 출판계 종사자로서 상당한 혜택이라는 생각도 들었습니다.

이번 예테보리 도서전은 도서전이기는 해도 무엇보다 북유럽 문학에 초점을 두고 프로그램화되어 있는지라, 전시회와 세미나를 참관하면서 과연 문학이란 무엇일까를 곰곰이 고민해보기도 했던 기회였네요. 때마침 이번에는 루마니아 문학을 초점으로 다루고 있어 동유럽권 국가들의 문학에 대해 조금이나마 알아볼 수도 있었습니다. 이런저런 사회문화적 배경이 다름

루마니아가 주빈국이었던 2013년 예테보리도서전

지역에서 행복하게 출판하기

에도 불구하고 결국 문학이 주는 메시지나 감동은 국가를 뛰어넘는 초월적인 것이란 것을 다시금 배울 수 있었기도 하고요. 언어가 주는 한계로 인해 모든 것을 알 수 없었지만, 그래도 책이라는 도구가 주는 특별한 가치는 전 세계적으로 비슷하게 적용되고 있구나, 하는 생각이 들었습니다.

루마니아 작가 미르차 커르터레스쿠의 세미나

원래는 제가 도서전 개막전에 참관했어야 하는데, 일정상 그러질 못해 그다음 날부터 도서전의 이모저모를 둘러보았습니다. 처음 둘러본 도서전에서 다양한 부스들을 살펴보면서, 언어는 잘 알 수 없어도 한 출판사의 특색을 완연히 느낄 수 있는 부스 디자인이나 구성이 눈에 띄었습니다. 소책자나 입문서를 얇게 제작하여 편집한 뒤, 저렴한 가격에 판매하고 있는 부스가 눈에 띄기도 했고 잉게보르크 바흐만과 같은 독일작가의 번역서를 체계적으로 관리하여 소개하는 부스도 발길이 가서 한참을 머물기도 했고요.

그래도 가장 주목할 만한 부분은 이 모든 도서전 프로그램이 출판사 주도의 부스만 전시되어 있던 것은 아니었다는 점에 있습니다. 스웨덴 고전문학을 소개하고 있는 부스나, 북유럽 문학 번역지원 제도에 대해 안내하고 있는 부스, 그리고 중고서점 부스, 심지어 책장 가구회사나 의자 회사들의 부스도 있다는 게 도서전에는 책만 전시하고 있을 거라는 제 선입견을 가시게 한 경험이었죠.

그렇게 한참 동안 박람회장을 돌다가, 소기의 목적이었던 세미나 참관을 위해 3층으로 향했습니다.(예테보리도서전 박람회장 1층은 주로 일반인을 위한 도서전시가 있었고 2층은 전자책 부스와 저작권판매 부스, 3층은 세미나실로 구성되어 있었어요.) 제가 보려고 했던 루마니아 작가 미르차 커르터레스쿠(Mircea Cărtărescu)의 세미나는 다른 세미나 프로그램과는 달리, 영어 세미나라는 이유로 듣게 된 세미나입니다. 스웨덴어로 하는 다른 세미나들도 굉장히 다채롭게 꾸며진 걸로 알고 있는데 영어 세미나 위주로 고르려다 보니 선택의 폭이 좁아 아쉬웠어요.

세미나는 '작가의 머릿속으로(Inside a writer's brain)'라는 주제였습니다. 루마니아 작가인 미르차 커르터레스쿠와 웁살라 대학 문학교수인 사라 대니어스(Sara Danius)가 함께 대담을 나누는 형식의 이번 세미나에서는, 저자를 자국의 쿠데타로 인해 11년이라는 시간을 세계 여러 곳곳으로 유랑했던 작가라고 대니어스 교수가 우

　　　　　　　　지역에서 행복하게 출판하기

선 개략적인 저자 소개를
시작했고요. 문학이 무엇
인지라는 다소 원론적인
문제에서부터 질문이 시
작되자, 커르터레쿠스는
대부분의 세미나 질문이
다들 비슷하게 시작한다
면서 좌중을 웃게 만들었
습니다. 작가 자신에게 있
어 문학은 우선 이국적인
이미지에서 오는 것이라
는 답변으로부터 시작하
여 작품을 만들어가는 과
정에 대한 설명으로 계속
이어졌습니다.

박람회장 2층에서 세미나를 기다리던 중 북유럽 각
국의 저작권 가이드를 모아두고 찬찬히 읽어내려 갔
습니다.

전시회장 입구는 여러 군데가 있었는데 이쪽은 박람
회장 뒤쪽 출입구였어요. 뒤쪽 입구인데도 많은 사
람들이 기다리고들 있어서 놀랐네요. 정문 출입구
쪽은 사진에는 담지 못했지만 정말 엄청난 인파였습
니다.

백여 편이 넘는 소설을
쓴 프랑스 작가 발작의 경우, 대단한 작가임에는 틀림없지만 자신
은 발작이나 톨스토이처럼 쓸 수 있다고 생각하지 않는다며 전체
플롯을 구상한 뒤 그 구체적인 인물 하나하나의 개별 인생을 생각
하는 데 시간을 많이 소요한다고 덧붙였습니다. 때때로 어떤 이야
기도 써지지 않을 때가 있는데 그럴 때는 장편소설 대신 다른 짧
은 수필이나 단편소설로 대체해서 계속해서 써나가는 작업을 거
듭한다고 하네요. 그 뒤로는 퇴고의 중요성에 대해서 말씀하셨고

요. 작가는 고치고 또 고치며 세부적인 수정을 거듭하는 데 상당히 많은 시간을 투자한다고 거듭 강조합니다. 이 과정을 통해서 하나의 세계를 창조하게 되는 것이라고 하였습니다.

대니어스 교수는 여성작가와 남성작가가 바라보는 세계관이 상이한데, 남성작가가 여성의 화자를 설정해서 작품을 써나갈 때는 어떤 고충이 따르는지도 질문했습니다. 커르터레쿠스는 버지니아 울프가 썼던 소설 한 편을 예시로 들었습니다. 그 소설에는 여성 작가의 성별과 달리 작품 속에서 다양한 성별의 화자가 등장하는데 이 소설에서도 알 수 있듯 성별이란 그저 성별일 뿐인 것이므로, 인간의 본성에 관한 것은 성별과는 무관하다는 답변을 주셨고요.

루마니아 작가
미르차 커르터레쿠스의 저작
『눈부신(Orbitor)』

덧붙여 대니어스 교수는 문학에서의 은유(메타포)는 어떻게 오는 것인지에 대해서도 작가에게 질문하였는데, 커르터레스쿠는 자신의 저작 『눈부신(Orbitor)』을 집필했던 이야기를 사례로 들어 설명해주었습니다. 문학은 은유로 세계를 창조하는 것인데, 자신의 작품에서는 달을 여자로 이미지화한 부분이 있고, 인간의 삶을 나비에 은유한 부분이 있다는 식으로 예를 들어 쉽게 설명해주었습니다.

작가는 자연사박물관에서 나비를 보면서 즉석에서 그 은유를 떠올렸다고 말씀하셨는데, 박물관에 놓인 나비를 보며 인간의 운

명이 떠올랐다고 하더군요. 왼쪽 날개를 과거로, 오른쪽 날개를
미래로 본다면 나비의 몸뚱아리는 곧 인간이 정박해 있는 현재에
해당한다며, 원래는 애벌레였고, 누이고치였을 나비의 운명이 마
치 인간의 삶과 같았다고 하였습니다.

　미르차 커르터레스쿠는 나비와 같은 우리네 인생 또한 날개가
접혀 있을 때는 마치 보이지 않는 것 같지만 삶에 대한 의지를 가
지고 천천히 날갯짓을 해나간다면 그것이 바로 인생이 되는 게 아
니겠냐고 하더군요. 세미나 도중 책을 펼쳐 보이시며 책도 마찬가
지라며 책을 날갯짓해 보이기도 하셨고요.(책의 한쪽 날개는 이미 읽
은 부분, 다른 한쪽은 앞으로 읽을 부분이겠죠?)

　여럿 질문이 오가고 나서 대니어스 교수가 에세이 한 편을 스웨
덴어로 낭독해주기도 했습니다. 처음 듣는 외국 세미나에 많은 관
중들이 객석을 메우며 저자와 학자의 대화에 집중하는 장면을 바
라보면서, 앞으로 산지니의 저자와의 만남에 어떻게 응용해야 할
것인지 자극도 되었습니다. 제 옆에 나이 지긋한 할아버지께서 세
미나 관련 책자를 쥐고 박람회장을 이곳저곳 다니는 모습을 보며,
우리나라의 도서전은 어떤 형식으로 진행되고 있는지 비교해보고
싶다는 생각도 들었네요.

　도서전 관람이 끝나고 나름 계획했던 예테보리 여행을 짧게 시
작해보았습니다. 북유럽 특유의 냉랭함이 날씨에서부터 서려 있
던 예테보리였지만, 예상했던 것보다는 따뜻한 감성의 유럽풍 동
네 분위기, 소소한 아기자기함이 담겨 있던 거리들, 거리를 장식했
던 꽃과 까치들, 사진에서나 볼 법한 유럽풍의 건물들, 맛있던 호

텔 조식이 아직도 인상 깊네요. 돌아오는 길에는 이번 도서전에서 소개받은 책들을 아마존에 검색해봐야겠다는 생각부터 급히 떠올랐습니다.(양아름, 2013년)

예테보리 시내 거리에서 펼쳐지는 밴드 공연

지역에서 행복하게 출판하기

47

출판학회 학술대회에서
지역출판에 대하여 발표하다

제주대학교 최낙진 교수한테서 전화가 왔다. 한국출판학회에서 지역출판부문을 연구하고 있는 최 교수는 학술대회에서 산지니의 사례발표를 듣고 싶다고 요청하였다. 기꺼이 수락하고 2013년 10월 4일 서울 가톨릭청년회관에서 열린 사단법인 한국출판학회 제27회 정기학술대회에 참가하게 되었다.

'지역 출판의 현실과 희망'이라는 주제로 열린 학술대회는 각 지역에서 출판활동을 활발하게 하고 있는 출판사들의 사례를 바탕으로 지역출판의 발전 방향을 모색해보는 자리였다. 광주와 제주, 부산, 춘천에서 출판사를 운영하고 있거나 출판을 연구하는 분들이 사례발표를 하였다.

먼저 부산 동서대학교 영상매스컴학부의 이완수 교수가 〈한국 지역출판의 현황과 특성〉이라는 제목으로 주제 발표를 하였다. 여러 통계자료를 바탕으로 한 지역출판의 현실은 말 그대로 열악하지 그지없었다. 우리가 직접 출판사를 운영하면서 피부로 느끼던 것이 통계적으로 명확하게 드러나는 순간이었다. 이완수 교수는 "지역출판은 지역문화발전의 핵심적인 요체이다. 그 지역의 문화적 수준은 결국 지역출판 산업이 얼마나 활성화되어 있는가에 좌우된다."고 하면서 그런데도 지금 대한민국 지역출판의 현실은 서점 등의 감소로 생존을 위협받고 있다고 진단하였다. 그럼에도 불구하고 학계와 출판계가 머리를 맞대고 이런 문제를 처음으로 공론화한 이번 학술대회에 큰 의미를 부여하였다. 그러면서 지역출판 산업이 활성화되기 위해서는 도서정가제, 지역출판기금 조성, 지역 우수도서 선정 지원, 공공도서관의 지역출판물 의무 구매, 출판사와 도서관 연계, 출판사와 서점의 연계 등 여러 가지 정책을 제안하였다.

다음으로 전남대학교 문헌정보학과 안현주 교수가 광주지역 출판의 역사와 현황에 대한 발표를 하였다. 출판의 역사를 공부한 분이라서 그런지 조선시대 출판까지 거슬러 올라가서 짚어주었는데, 이렇게 유구한 지역출판의 역사가 우리한테 있었는지 미처 몰랐던 내용이었다. 현재 광주지역에는 등록된 출판사나 인쇄소가 1,500곳이나 되지만 의미 있는 출판활동을 하는 곳은 서너 곳에 불과하다고 한다.

잠시 티타임을 가지고 2부에서 〈부산지역 출판환경에서 9년째 생존하고 있는 산지니〉라는 제목으로 산지니의 사례를 발표하였다. 2005년 2월 부산시 연제구에 터를 잡은 이후 2013년 9월 현재까지 단행본 193권과 문예잡지 19권을 출간하였으며 지금도 꾸준히 매월 두세 권의 단행본을 출간하여 전국적으로 유통하고 있다고 소개를 하였다. 2005년 창업 당시 부산지역에도 몇몇 출판사들이 꾸준히 출판활동을 하고 있었으나 출간종수가 그다지 많지 않고 그나마 전국적으로 유통이 되지 않는 경우가 많았다. 이 출판사들은 대체적으로 문학인들이 운영을 하면서 문학 관련 도서를 주로 출간하고 있는 상태였다. 산지니는 2월에 창업하고 그해 10월에 첫 책을 출간하면서 처음으로 신문기사가 나오게 되었는데, 기사 타이틀이 "지역 출판사 '산지니' 문 열었다-첫 책『반송 사람들』 등 출간"(2005년 11월 16일, 부산일보)이었다. 책보다도 부산에 이러이러한 출판사가 생겼다는 데 더 주안점을 둔 기사였다.

상단 왼쪽에서 두 번째가 발표 중인 권경옥 편집장

이렇게 첫 책을 출간하면서 겪은 일, 산지니의 창업 이념과 모토, 산지니라는 이름, 번역출간을 하려다가 일본 최대의 출판사 고단샤로부터 판권 계약을 거절당한 일, 어떻게 한 명 한 명의 필자를 확보해나갔는지, 지역에서 제작과 유통은 어떻게 하고 있는지, 독자들과는 어떻게 소통하고 있는지 등에 대해 발표를 하였다. 역시 '산지니'라는 출판사 이름은 이 자리에서도 무척 주목을 끌었다. 발표하는 내내 고개를 끄덕이며 공감해주던 여러 분들이 무척 감사했다. 9년 동안 200여 종의 출간 종수도 그렇지만 그 가운데 40여 종이 학술원이나 문화관광부 우수교양도서, 우수학술도서, 우수문학도서 등 여러 분야의 우수도서에 선정되었다는 사실에 무척 놀라는 반응을 보였다. 또한 부산시에서 지역도서관에 지역출판사 책을 5% 할당하여 구매하도록 권고하고 부산문화재단에서 지역에서 발간된 도서를 대상으로 지역우수도서를 선정해 지원한다는 사실에 큰 관심을 나타냈다.

다음은 제주에서 올라온 '각' 출판사의 박경훈 대표 사례발표가 있었다. '각' 출판사는 제주에서는 독보적인 존재감을 과시하는 출판사이고 그 역사도 깊은 출판사였다. 제주라는 지역적 특성상 유통비가 많이 들고, 제주지역에 대한 대중의 관심이 올레길이나 관광 등 피상적인 측면에만 한정되어 있다 보니 지역의 문화와 예술을 중심으로 한 인문학 전문 출판사의 길은 멀고도 험하다고 하면서도 '각'은 절대 망하지 않을 거라고 의지를 불태웠다.

춘천에서 『문화통신』이라는 지역문화정보지를 만들면서 작은 출판사를 운영하는 유현옥 편집주간은 지정토론 자리에서 강원도의 콘텐츠를 키우고자 한다고 출판의 꿈을 펼쳐놓았다.

이후 자유토론에서는 단순한 영리 목적의 사기업으로 출판사를 바라보는 지방정부의 인식을 제고시키는 데 출판학회가 역할을 해야 한다, 출판은 사기업의 영리행위가 아니라 공공재를 만들어내는 일이다, 파주출판단지의 게스트하우스를 지역출판 관계자는 무료로 이용할 수 있도록 해보겠다, 지역출판사들의 도서목록을 따로 만들어서 홍보할 수 있도록 해보자는 등의 이야기가 오갔는데, 지역출판사 입장에서 지역출판의 의미와 중요성, 비전에 대하여 이렇게 많은 학자들이 공감하고 있다니 정말 든든한 지원군을 얻은 느낌이었다.

거의 4시간에 달하는 긴 시간 동안 시종 진지한 모습으로 발제와 토론과 질문, 제언 등이 이어졌고, 이는 나한테도 무척 뜻깊은 시간이었다. 처음에 사회자가 "사명감을 가지고 지역출판을 열심히 하고 계시는 분들"이라고 발제자들을 소개할 때 별 사명감 없는 나로서는 약간 민망하기도 하고 쑥스럽기도 했는데 서너 시간에 걸쳐서 지역출판이 지역문화 발전에 왜 중요한지, 어떻게 하면 조금이라도 지역출판에 도움이 될 수 있을지 구체적인 방법을 논의하고 제안하는 이야기들을 듣다 보니 감동스럽기도 하고 뿌듯함과 함께, 없던 사명감이 마구 샘솟는 느낌이 들기도 하였다.

이어지는 뒤풀이 시간에도 시종일관 출판에 관한 이야기들이 오갔다. 홍대 앞에서 열린 학술대회였음에도 불구하고 홍대거리는 구경도 못했지만 지역에서 올라왔다고 너무 환대를 받아 감사하고도 민망한 하루였다.(권경옥, 2013년)

웰컴 투 책창고!
"그 소풍은 지옥이었다"

화요일, 갑작스럽게 재고를 확보해야 할 일이 생겨 점심을 먹자마자 책 창고로 떠난 산지니 식구들. 원하는 책을 찾기 위해 약 세 시간여에 걸쳐 발 디딜 틈도 없이 쌓인 책들을 몽땅 꺼냈다가 다시 쌓아놓아야 했다. 떠날 때는 "소풍 가는 기분이다"라며 들떴지만 나중엔 웃을 힘도 없을 정도로 완전히 방전되어 돌아왔다고. 하지만 체력이 회복되고 나서는 다들 "간 김에 책 창고 정리까지 했다. 한시름 놓았다" "힘을 합쳐서 일찍 끝났다"는 말을 남겼다. 전문가에 따르면 이렇게 훈훈한 마무리에는 다음 날 먹은 삼겹살이 큰 효과가 있었다고 한다.

독자들과
만난다는 것

"책에는 구체적 사례가
많이 없었습니다.
이렇게 저자와의
만남을 통해 사례를
들어 설명을 해주시니
좋군요."

48

지역 출판미디어로
독자와 소통하기

먼저 미디어는 표현수단임과 동시에 전송수단을 가리킨다. 인터넷의 등장으로 출판미디어는 책이라는 전송수단을 넘어 더 확장된 전송수단을 획득하게 되었다. 과거라면 라디오와 텔레비전의 사업 영역이던 오디오 콘텐츠와 동영상 콘텐츠가 디지털 기술의 급속한 발전에 힘입어 출판미디어의 사업영역으로 전환되고 있다.

한편 콘텐츠란 일반적으로 다양한 매체에 의해 전달되는 텍스트를 가리킨다. 여러 콘텐츠 가운데 출판콘텐츠는 독자의 문제를 해결해주는 지식의 형태를 취하고 있다. 책이라는 공간에 한정된 지금까지의 출판 방식을 '공간의 출판'이라고 한다면 다른 미디어와 자유자재로 결합하고 분리하는 앞으로의 출판 방식을 '흐름의 출판'이라고 정의할 수 있다.

공간의 출판이란 공간적 구획을 통해 내부와 외부를 확고하게 가르며 작동하는 폐쇄적인 출판 시스템을 말한다. 특히 흐름의 출판에서 출판은 일방향의 표상적인 미디어여서는 안 된다. 출판미디어는 다양한 종류의 활동이 결합되어 콘텐츠를 함께 생산해내는 쌍방향적 생성의 미디어여야 한다.

출판콘텐츠의 생산, 유통, 소비 패러다임이 급속히 변화되고 있

지역에서 행복하게 출판하기

다. 변화의 방향을 요약해서 정리하면 다음과 같다. 첫째는 쌍방향성 변화이며, 둘째는 다양성 변화이며, 셋째는 장기성 변화이다. 이런 변화는 지역 출판인들에게 온라인에서 적극적인 블로그 활동과 오프라인에서 독자와 만나는 활동의 중요성을 환기시킨다. 그것은 소수의 대규모 자본으로 과점화가 급속히 진행되고 있는 한국출판 현상 속에서 생존을 위협받고 있는 지역 출판사가 위기를 극복할 수 있는 또 하나의 방법이라고 생각한다.

산지니의 경우를 예로 들면 지역에 있는 인문학 카페에서 매달 저자와 독자가 만나는 시간을 정기적으로 가지고 있으며, 전 직원이 온라인에서 적극적인 블로그 활동과 함께, 오프라인에서 독자와 만나는 활동을 진행하고 있다. 2009년 7월 구모룡 교수의 『감성과 윤리』를 시작으로 2015년 9월까지 69회 진행 중이다. 최근에는 페이스북과 트위터를 통한 SNS 활동 강화에 주력하고 있다. 이는 출판사 홍보 차원을 넘어, 출판미디어 회사로 나아가기 위한 발걸음이다.(강수걸, 2015년)

49

신체와 정신에 남는
기록을 하고파

『지식의 윤리성에 관한 다섯 편의 에세이』 윤여일

　　　　　　　　　　　지역에서 행복하게 출판하기

2012년 5월 24일 목요일 저녁 7시, 산지니출판사와 오늘의문예비평이 공동주관하는 저자와의 만남 시간이 있었습니다. 그 주인공은 『오늘의 문예비평』의 연재물을 모아 책을 내셨던 수유너머R 연구원, 윤여일 선생님이십니다. 이날의 토론회는 윤여일 선생님과 더불어 『오늘의 문예비평』 편집위원이신 전성욱 문학평론가가 함께하였습니다.

전성욱 : 수유너머R 연구원으로 계신 윤여일 선생님의 저서 『지식의 윤리성에 관한 다섯 편의 에세이』(이하 지식의 윤리성)는 오늘의 문예비평에 연재했던 글을 바탕으로 취합하여 책으로 낸 결과물입니다. 오늘 토론회를 갖기 전, 윤여일 선생님과의 저녁 식사로 충분히 함께 교감을 나누었는데 부산에는 10년 만에 다시 와보셨다고 하셨습니다. 부산 방문에 관한 간단한 소회를 말해주십시오.

윤여일 : 연구원 활동 외에도, 논술강사로도 활동 중입니다. 예전에 방문했던 부산은 서울에서 강의를 마치고 순천에서 강의를 하고 이동하는 바람에 구경을 못해, 제대로 된 부산 방문은 처음이나 다름없습니다. 사실 『지식의 윤리성』 책을 쓸 때 기분이 우울한 상태였습니다. 반면, 오늘은 부산에 와서 마을도 보고 저녁식사도 맛있게 하고 와서 우울한 기분이 들지 않아 집필 당시와는 감정 상태에 있어 간극이 있습니다.

신체와 정신에 남는 기록을 하고파

전성욱 : 책에 보면 후기에 자신의 작업을 정리하셨습니다. 번역 활동, 논문을 쓰고 있으며, 여행기를 쓰기도 하고, 에세이 작업을 하시는 등 여러 가지 작업을 하고 있는데 자신의 작업 활동에 관해 간단한 소개 바랍니다.

윤여일 : 네 가지를 썼는데, 어떻게 보면 번역도 창작이나 다름없습니다. 저는 번역자의 기능적인 역할이 아니라, 사상가로서의 역할에 주목하였습니다. 『지식의 윤리성』은 제 첫 저서인데 이러한 네 가지 작업 중 마지막에 해당합니다.

석사논문을 쓸 때, 개념어의 관계성을 제대로 유지하지 못하게 되는 경우에는 그 말의 부재로 인해 논문에서 논의하려는 문제를 성립시키기가 어려웠고 사회현상의 징후들을 발견하기 어려웠습니다. 논문이 끝난 이후에는 개념화에 비판적인 거리감이 필요하다고 생각했고 우연찮은 만남을 통해 동아시아에 대한 문제의식이 점차적으로 생기게 되었습니다.

한 번은 멕시코로 여행 갈 일이 생겨 컴퓨터의 하드디스크 용량 부족으로 백업을 시켰는데 분실당했습니다. 도둑맞은 것 같았는데 집에 돌아와 보니 백업을 시킨 게 아니라 포맷을 시켜놨더군요. 파일이 모두 사라진 것에 대해 분통이 나기도 했고, 내가 그동안 무슨 글을 썼는지 기억이 나지 않아 더 화가 났습니다.

물질적인 결과물인 파일이 사라지고 나니, 신체나 정신에 내가 쓴 언어들의 기록이 남아 있지 않아 언어감각에 대한 생각들을 하게 된 것 같습니다. 2008년 겨울까지 일본에 있었는데 일본어를 잘 모르는 상태로 말이 와전되는 경우에 생긴, 말하고자 하는 의지 사이의 불일치 경험이 언어감각에 대한 생각을 더욱 촉발시켰습니다. 한국어에 대한 감각 또한 이와 다르지 않겠구나 하는 생각이 듭니다. 이런 생각들이 결국 쌓이고 쌓여서 『지식의 윤리성』을 쓰게 되었습니다.

추상적인 언어로 구체화된 형식을 전할 수 있는지에 대한 물음에 도전하고 싶었다

전성욱 : 오랫동안 이야기를 하지 못해 저자와의 만남 시간에 말을 잘할 수 있을까 두렵다고 하시더니 말을 너무 잘하십니다. 이 책은 정신적 체험에 관한 자서전의 성격을 띠고 있습니다. 즉, 자신을 대상화하는 작업입니다. 글을 쓰고, 글을 읽고, 지식에 관여하는 사람이라면 지식의 관계 속에서 그 관계를 성찰해야 합니다. 곧 이 책은 저자 자신의 작업을 반성적으로 되돌아보는 글이 아닐까 생각하는데, 책에 등장하는 '지식의 윤리성'에 대한 개념 설명을 부탁드립니다.

전성욱 문학평론가

윤여일 저자

윤여일 : 아까 얘기와 연결시켜 보겠습니다. 일본에 가서 동아시아 관련 논문을 썼는데 그때 당시, 밤이 되면 고민이 있어서라기보다 낮에 하고자 했지만 결국 못했던 말들이 생각나서 결국 잠을 이루지 못했습니다. 때문에 그전에 없었던 언어로 무언가를 표현하고자 하는 욕구가 강하게 생겼습니다.

어떤 수업을 수강하던 중, 한 일본 학생이 어눌한 일본어로 질문을 했는데 스승이 좋은 질문이라며 학생을 칭찬하셨습니다. 그 스승의 태도는 학생에 대한 립 서비스가 아니라, 상대의 동기에 대해서 이해하고 있을 때만 가능한 것이었습다. 어눌했던 학생의 질문을 수준 높은 질문으로 승격시킨 셈이죠. 질문 내용을 자신의 체험에 대입시켜 질문자 스스로의 신변의 체험으로 끌어당기는 방식이 굉장히 마음에 들었습니다. 내 개인의 체험을 다른 사람과 공유할 수 있는 형태로 가공할 수 있도록 쓸 수 있을 것인가 하는 문제에서 언어감각의 문제가 촉발된 것입니다.

『지식의 윤리성』은 말하자면 여행기였습니다. 몸으로 다니면서 체험하고 여행하는 것이 아니라, 추상적인 언어로 구체화된 형식을 전할 수 있는지에 대한 물음에 도전하고 싶었습니다. 그것이 작년이었고 이 책은 제게 있어서 그 도전의 결과물입니다. 전성욱 평론가께서 말한 정신적 체험의 결과물이 그런 의미입니다.

시대에 답을 제시하는 사람은 되고 싶지 않아

전성욱 : 결국 윤여일 저자의 말씀은 지식의 주체와 지식의 대상
이 맺는 관계에 대해 얘기 같습니다. 지식의 주체가 객관적인 인
식에만 매달려서는 안 되고, 자신의 변화를 추구해야만 지식 주체
와 지식의 대상이 만나서 그 변화하는 과정에서 지식의 윤리성이
라는 문제가 다시금 제기되는 것입니다. 그 지식의 윤리성을 이론,
비평, 사상이라는 지식의 세 가지 속성으로 말씀하셨는데, 세 가지
맥락에 관해서 설명해주셨으면 합니다.

윤여일 : 이론, 비평, 사상에 대해 다시 또 설명할 필요는 없다고 봅
니다. 이 세 가지의 맥락은 자의적인 것입니다. 책 속에서 전달하
는 나의 메시지는 중요한 것이 아닙니다. 논문을 쓰는 것은 세계
를 질문과 답의 형식으로 재창출해 내는 것입니다. 물음이 있어서
답을 찾아내는 것이 아니라, 자신이 설정한 물음에 답을 찾아가는
방식이 사회학에서 추구하는 방식입니다. 그런 의미에서 지적인
발견이라는 것이 이루어지는 것이고, 연구자에게 있어서 연구를
하는 행위를 통해 이론이 탄생합니다.
글쓰기에 있어 이런 방식의 문답관계가 궁극적으로 재질문이 아
니라 답을 찾아가는 과정이라고 생각하는데, 시대에 대해 물음을
제기하는 사람이 사상가이지, 답을 제시하는 사람이 아니라고 생

각했습니다. 억압의 기제로 이론을 설정해보고 싶었습니다. 사상이라고 생각하는 것을 끄집어내고 싶어서 이러한 이론, 비평, 사상이라는 주제로 1장을 시작하게 되었습니다.

지적 스승으로서의 루쉰과 다케우치 요시미

전성욱 : 상투적이고 진부한 질문이기도 한데, 윤여일 저자의 글 속에서 중요한 것은 이론이 아니라 사상적인 것으로 나타납니다. 선생님의 작업이 이론가가 아니라 사상가였는지 그 맥락을 집어주시기 바랍니다.

윤여일 : 사상적 인격이 나에게 있었기 때문에 그 말을 쓸 수 있었다고 생각합니다. 루쉰에 대해 간단히 얘기하자면 루쉰의 글 속에는 불투명한 말이 종종 있습니다. 루쉰의 원문에서 이미 번역이 시작되고 있는 것입니다. 자신의 불행에 따라 글이 전달되지 않고 번역가를 거쳐 전달되는 것입니다. 다케우치 요시미는 이렇게 하여 루쉰을 발견했는데, 역사와 시대, 장소 속에 맞물려 있는 어떤 사람의 사유가 번역가에 의해 옮겨질 때 사상은 이론과도 같은 다른 형식으로도 옮겨질 수 있습니다.

루쉰이란 작가에 대해 말하자면, 저는 그 사람의 글이 번역서로 가득 차 있다는 느낌을 받았습니다. 글을 쓰면서 허구의 이야기와 같은 불투명함 속으로 진입하고자 하면 자기 자신을 송두리째 거는 행위가 뒤따르게 되고, 그 행위로 인해 글의 진의에 가닿고 거기서 무언가의 의미를 건져내는 것이 가능하다고 생각합니다.

다케우치 요시미는 일본의 학계에서 지적인 후계자를 만들지 못한 사람이었습니다. 전후 일본사상계에 있어서 극과 극으로 평이 갈린 사람이기도 합니다. 이른바 체계를 갖지 못한 것입니다. 다케우치 요시미는 현실사상에 대해 가설을 만들어내고 그에 따른 기대나 성과를 만들어냈습니다. 그러나 전에 만들어냈던 가설을 다시 사용하지는 않았습니다. 그때그때 상황 속에서 살아보려 한 사람이고, 그래서 많은 오류를 범했던 사람이기도 합니다.

독자와의 대담

전성욱 : 책에는 구체적 사례가 많이 없었습니다. 이렇게 저자와의 만남을 통해 사례를 들어 설명을 해주시니 좋군요. 이번에는 독자 여러분들의 질문을 받아보겠습니다.

독자1 : 책을 읽으면서 생각을 마구 쏟아내고 있다는 느낌을 받았습니다. 숨이 막힌다고나 할까. 읽으면서 생각이나 여유가 없다는 느낌을 받았습니다. 글이 너무나 빠르고 숨막히게 전개되어 미처 의문을 제기할 수가 없었는데, 이 책을 쓰시면서 독자를 위해 좀 더 친숙하고 편하게 쓰실 수는 없었는지 궁금합니다.

윤여일 : 어떤 글을 쓸 때 결정적인 것은 글의 주제와 소재뿐만이 아니라, 감정상태도 중요한 요소 중 하나라고 생각합니다. 이 책

은 우울한 책입니다. 여행기를 연재할 때는 일주일 동안 다녔던 여행을 상상하며 글을 쓰니 즐거운 감정상태였는데, 『오늘의 문예비평』에 글을 쓸 때는 어떤 다른 감정이 필요했습니다. 그것이 바로 우울한 정서였습니다. 글에 여백을 두고 싶지 않아 의식적으로 글을 썼습니다. 니체의 글쓰기 방식 중에 접속어와 함께 연결되는 세계와 형상을 만들어내는 글쓰기 방식이 있는데 니체를 흉내내고 싶었다기보다, 무언가 한 문장 옆의 문장 하나하나를 다 살려내고 싶다는 충동이 일었습니다. 힘들었습니다. 문장을 쓰면서 여백에 해당하는 상투적으로 느껴지는 표현을 없애며 써보고 싶었습니다.

독자2 : 이 책은 난해합니다. 글을 쓰는 작가는 아니지만 글을 쓰는 데 관심이 많은 사람인데요, 글쓰기를 시작할 때 첫 문장이 매우 중요하다고 생각합니다. 한 문장, 한 문장에 있어서 어떤 단어를 선택할까 고민을 많이 하는데 몇 줄씩 고민하게 됩니다. 길을 가다가도 떠올리며 메모하고는 하는데, 추상적 언어로 구체적 메시지를 어떻게 전달할 것인가가 관건이라 생각합니다. 『지식의 윤리성』의 글은 솔직히 이해가 잘 안 되었습니다.

윤여일 : A란 주제에서 글로 풀어내고자 하는 B지점이 있을 때, 저는 아주 좁은 걸음으로 가고자 했습니다. 그 좁은 지점을 열 문장으로 써보고 싶었다, 라는 의미에 가깝습니다. 사고의 절차와 표현의 절차를 어디까지 표현해볼 수 있는가를 말하고 싶었습니다.

A와 B 사이가 먼 거리여야 했습니다. 둘 사이가 연관성이 없는데 논리적 비약이 될 것을 앎에도 불구하고 최대한 다리를 놓아보는 것. B로 가지 못하고 A′나 A″라는 방식으로 관성화되는 부분이 많기에 그런 부분을 충분히 경계하고 싶었습니다. 그래서 돌을 까는 방식으로 문장을 배치해보려 한 것입니다. 문장을 촘촘하게 하여 증거나 사례를 들지 않고 이론적인 표현만으로 구성한 것입니다. 이는 첫 번째 독자분의 질문에 대한 답이기도 합니다.

사례로 들지 않고 글을 쓴 이유는, 이 책을 쓰기 전의 글이 사실 모두 사례였습니다. 공감대를 형성하기에는 사례만큼 좋은 것이 없지만, 번역 불가능성을 전제로 하고 구체적 사례를 들지 않았습니다. 원전인 제 자신의 표현만으로 글을 써보고 싶었습니다.

독자 3 : 신체에 남는 연구가 무엇인지 답변주시면 좋겠습니다.

윤여일 : 다케우치 요시미는 루쉰이 말한 '挣扎(쟁찰)'[zhēngzhá]이라는 용어에 대해 투입하다, 끄집어내다 정도로 표현해냈는데, 이는 글을 쓰고자 하는 대상에 자신을 투입해서 자신을 던지는 행위라고 볼 수 있습니다. 신체에 남는 연구라고 하는 것은 이처럼 글을 쓰는 대상과 자신의 거리를 어떻게 두는가에 있습니다. 글쓰기마다 문체가 달라질 수 있는데, 저는 줄 위에서 아래로 내려다보는 글쓰기 방식을 선호합니다. 이와 다른 종류의 글쓰기와 관련해서 끄집어내고 싶은 충동을 갖고 있습니다.

독자4 : 「이론, 비평, 사상」 부분에 있어 이론과 비평, 사상에 관한 총괄적인 이야기를 해주셨는데 비평이라는 지점과 자기비평이라는 사상에 대해서 맥락을 풀어서 얘기해주시면 좋겠습니다.

윤여일 : 다케우치 요시미 선생은 1,500편의 글을 발표했습니다. 매달 한 편씩 발표를 했다 치면 1,400편 정도 쓰는 셈이 되는데, 선생은 생애 모든 시간을 글쓰는 데 바친 사람입니다. 그 글을 읽는 저라는 사람이 존재하는 것이고, 이런 사람의 모든 시간은 글을 쓰거나 읽거나 하는 등 삶의 전반이 글과 관련되어 있습니다. 열아홉 편의 글을 써낼 때 자신에게 이정표가 되는 글이 있는 반면, 자신에게서 버려지는 글이 있습니다. 저의 고민에서 그 물음을 가장 구체화되는 형태로 만들어내는 글이 있으면 그것을 이어보면서 확인시킵니다. 그 외의 글은 몸에 남는 글이 아닙니다. 기능적인 글이랄까. 이정표가 남는 글이 생기면 사유의 지도를 완성할 수 있습니다. 이론적인 공부방식을 거부하는 이유는 좌표를 찾아가는 방식은 아니기 때문입니다. 글 쓰는 사람에게 글쓰기란 거처를 만들어나가는 과정입니다. 잠시 머물러 비로소 발견되는 내 한계에 대해 노력했기 때문에 그 과정 속에서 내 한계를 배우게 됩니다. 글쓰는 행위를 저는 '사상한다'라는 동사로 만들고 싶습니다. 글쓰기는 자기 자신을 분열 상태로 내모는 행위입니다.

독자5 : 루쉰과 다케우치 요시미, 쑨거를 사상가로 꼽으셨는데, 우리나라에서는 누구를 들 수 있을까요?

윤여일 : 잘 모르겠습니다. 그 세 명은 텍스트로 접했기 때문만이 아니라 삶의 전체상황과 시대상황을 파악했기 때문에 사상가로 꼽을 수 있었지만, 어떤 분에 대해서 그 세 분 외에 그런 종류의 전체상을 그려본 적이 없고 연구해본 적이 없습니다. 모두 저의 노력이 부족한 탓입니다.

자기고백과도 같은 솔직한 글

전성욱 : 그런 분들을 만나기가 어렵고, 저도 윤 선생님께 물어봤었는데 같은 대답을 하시더군요. 사상을 하려는 자에게는 자신이야말로 진정 중요한 사람이 아닌가 하는 대목이 있었습니다. 자기고백과도 같은 것이 아닌가 하는 생각이 들었습니다. 굉장히 솔직한 글입니다. 마지막으로 짧게 인사말 부탁드립니다.

윤여일 : 내 글은 솔직한 글은 아닙니다. 지금 전성욱 선생님과 대화 형식을 취하고 있지만 대화를 하면서도 의식하는 사람은 앉아 계신 여러분입니다. 글 쓰는 행위 또한 읽어주는 사람을 향해 있습니다. 실제 글을 쓸 때도 솔직하게 글을 썼지만, 읽힐 것을 염두에 두었기에 솔직하게 쓰지 못했습니다. 타인의 시선은 당연한 것이었으나 제가 애초에 했던 계산에 대해서는 조금 충분하지 못했습니다. 책의 아쉬움으로 남아 있습니다.(2012년)

50

행동하고 고민하는
보통의 사람

『짬짜미, 공모, 사바사바』 최문정

　문득 그럴 때가 있다. 내가 선한 의도를 가지고 했던 많은 행위
들이, 타인에게 기만적인 행위로 비쳤을 때 느끼는 당혹감과 무력
감. 그럴 때마다, 내 자신이 참으로 바보 같고 하찮아 보이는 데다
'열심히 했던 일들'에 대해 인정받지 못한 자책감으로 괴롭기까지
하다. 대체 이 관계의 소통망은 애초부터 무엇이 잘못된 것일까,
하며 말이다. 아마 이 시대를 살아가고 있는 많은 사람들도 이와

지역에서 행복하게 출판하기

비슷한 경험을 한 적이 분명 있을 것이다.

　2013년 2월, 『짬짜미 공모 사바사바』라는 생활수필집의 저자 최문정의 삶 또한 그러했다. 열심히 활동을 한다고 하고 있는데 타인들이 바라보기에는 뭔가 부족하고 어색하고 자책감도 들고, 무엇이 문제일까 고민하고 방황했던 7년의 삶을 최문정 개인의 스토리텔링을 통해 책으로 엮어낸 것이 바로 『짬짜미 공모 사바사바』이다. 책의 부제는 '활똥가 일기'지만 이 책을 결코 '활똥가'에 초점을 두지 않고 '청춘'에 방점을 찍고 책장을 넘기길, 당부드린다.

진솔하게 다가오는 책, 짬짜미 공모 사바사바

김필남 : 오늘 소개 드릴 이 책은 '김여사'로 대표되는 최문정 저자의 가족분들 이야기와 함께 블로그와 잡지에 연재했던 글을 모아 엮은 책입니다. 일기체 형식이라 그런지 저는 웃으면서 읽을 수 있었고요. 먼저 실업극복지원센터는 무슨 일을 하는 곳인가요?

최문정 : 일자리가 필요하거나 돈이 필요한 사람들, 이런 사람들의 자활을 돕는 곳입니다. 이 사람들에게 돈을 준다는 게 아니라 열심히 일해서 돈을 벌 수 있도록 도와주는 것이지요. 정부지원을 받고 일자리를 연결해드리거나, 이웃들에게 이런 분들이 일자리를 구하고 있다고 미리 알려드립니다. 또한, 비정규직 근로자나 실직자들을 위한 근로기준법 강의를 위해 교육안을 만들고 가르치는

일을 병행하기도 합니다.

인간 '최문정'의 삶을 배려해준 실업극복지원센터

김필남 : 프로필에 보니, 2012년 8월에 일을 그만두신 걸로 나와 있어요. 책을 읽다 보면 일밖에 모르는 워커홀릭으로 비치기도 하는데 어떤 계기로 일자리를 그만두게 된 거죠?

최문정 : 작년 제 나이가 무려 서른넷이었죠. 결코 제가 결혼이나 육아라는 거창한 이유 때문에 일을 그만두는 게 아니었고, 어쩌면 사소한 계기로 일을 그만뒀던 거죠. 이를테면 이런 거예요. 율무차를 맛있게 탔어요. 가루를 넣고 따뜻한 물을 부어서 말이죠. 그런데 이걸 안 마시고 까먹고 놔뒀더니 위에는 맹물만 남아 있고 밑에는 가루가 가라앉아 있던, 그런 상태. 당시 제가 그런 자각이 들었던 거예요. 일종의 매너리즘이자 열정이 고갈된 상태였죠. 개인적인 생활에 있어서도 마찬가지였어요. 그래서 갑자기 자리를 박차고 '나 일 못하겠다!' 하고 일어선 거죠.(웃음)
사실 상사로 계시던 실업극복센터 박주미 대표님이나 사무처장님, 모두 다 가족 같은 분들이셨고 제가 그 말을 던진 이후로 약 사 개월 동안의 술자리와 이야기들이 오고 갔어요. 제가 그만둘 수 있었던 건, 그분들이 나를 실업극복센터 직원으로 바라보지 않고 인간 최문정의 삶에 대해 고려해주신 덕분이라, 참 고맙게 생각하고 있어요.

김필남 : 인생을 율무차로 비유하시다니 너무 멋진 표현인 것 같아요. 책을 읽다 보면 최문정 선생님께서 요리를 참 못하시는 것처럼 비치기도 해요. 채식햄버거라는 말도 안 되는 레시피를 착상한다든지, 김밥이나 삼겹살 같은 요리로 인생을 비유한다든지. 최문정 선생님에게 있어서 요리란 어떤 의미인가요?

최문정 : 하하. 제가 많이 먹어서 보이는 게 죄다 먹는 것뿐이라서 그래요. 사실 제가요, 제 이야기를 잘 전달 못하고 실수한 건 아닌지 전전긍긍해 하는 스타일이에요. 그래서 무언가 이야기를 전달하기 위해서 에둘러 표현하는 경우가 종종 있어요. 이를테면 김밥 같은 경우 대선 때 쓴 글인 것 같고, 연필 같은 경우 총선 때 쓴 글인 것 같네요.

시민단체 활동기가 아니라
그냥 편안한 낙서와 일기로 봐주었으면

김필남 : 저는 선생님의 그림에서 많은 것을 느꼈어요. 어떤 블로그에서 보니까 선생님의 책을 힐링도서라고 평해놨던데, 정말 그런 것 같아요. 세상 사는 게 각박한데 그런데도 남을 배려하며 사는 게 쉽지 않은 일이죠. 타인의 삶에 대해 외면하고 싶은 게 사람 마음이라고 생각해요. 저도 그렇고요.

최문정 : 음… 그런가요. 하하. 사실 '활똥가 일기'라는 부제로 출간

이 되고, 시민단체에서도 이 책에 대한 입소문이 났나 봐요. 그런데 많은 이들이 그러더라고요. 이게 무슨 활동가 일기냐, 그냥 낙서 수준이지 하고요. 전 정확하게 봤다고 봅니다. 정말 전 편안하게 독자들이 제 글을 받아들여 줬으면 하거든요. 저는 제가 읽은 책 중에 이 책이 제일 재밌더라고요.(일동 웃음) 정말 제 책이라서가 아니라, 빨리 읽히고 가벼워서 좋은 책이라고 생각합니다.

2년 동안 월간지 『작은책』에 연재됐을 때도 참 신기했어요. 저란 사람이 대단한 사람도 아닌데 어떻게 저를 믿고 매달 연재를 맡기셨을지 『작은책』의 안건모 선생님께 늘 감사드리고 있고요. 정기적으로 써야 한다는 부담감에 좀 더 신경 써서 쓸 수 있었던 것 같습니다.

김필남 : 그럼 제목 얘기를 좀 해볼까요? 『짬짜미 공모 사바사바』. 이 책의 제목을 들었을 때 참 무슨 뜻일까 궁금하더라고요. 읽고 나서야 이해가 됐지만.(웃음) 그러니까 공모, 짬짜미, 사바사바, 라는 말이 다 같은 뜻임에도 말의 오해로 빚어지는 에피소드에서 따온 제목이었던 것을요. 제목을 이렇게 선택하게 된 계기가 있나요?

최문정 : 제가 제목을 선정한 것은 아니고요. 산지니 출판사 쪽에서… (하하) 일종의 판매전략이겠죠? 원래 제목은 '활똥가 일기'였어요. 제가 생각할 때 활동가란 아무리 생각해도 저는 될 수 없는 그런 존재 같아 보였거든요. 그런데 제가 거기에 '활동가 일기'

라고 글을 쓴다는 게 참 부담스러운 일이더라고요. 내가 하는 일이 활동하는 일이 아닌 것 같은데 하는 생각에서 부끄러움을 담고 '활똥가 일기'라고 붙였던 겁니다.

연민의 감정으로 '봉사'했던 게 아니라, 단지 조언자 역할이었을 뿐

김필남 : 저는 금석이 이야기가 인상 깊었어요. 집 나온 가출 청소년이었는데 집에 돌아가라고 실업센터의 저금통을 깨서 돈을 탈탈 털어주기까지 했음에도, 결국 집에 가지 않고 나중에는 '거기 있는 사람 다 좋은 사람' 아니냐며 돈을 다시 요구해서 선생님이 속상했던 일을요. 여기에 대해서 좀 얘기해주실 수 있을까요?

최문정 : 저는요. 아이들이 제일 무서워요. 방금 전에 선생님께서 저보고 좋은 사람이니 착한 사람이니 하셨는데 전 제가 절대 그런 사람이 아니고, 그런 사람도 될 수 없다고 생각해요. 내가 당장 돈이 없는데 어떻게 그렇게 다 주나요.(웃음) 50대 이상의 내담자가 저는 편

최문정 저자

해요. 아버지 같고, 제가 무슨 조언을 해도 받아들이실 건 받아들

이시고, 아니다 싶으면 거부하는 현명함을 지닌 분들이시니까요. 하지만 아이들은 그 속내를 알 수가 없어요. 그래서 안타까울 때가 많죠.

김필남 『오늘의문예비평』 편집위원.
문학평론가

김필남 : 선생님이 생각하시는 봉사의 의미란 무엇인가요? 봉사와 활동의 개념 차이를 설명해주실 순 있으실까요?

최문정 : 글쎄요, 뭐가 있을까…. 각자의 느낌 차가 아닐까요. 저는 실업센터활동 하면서 이게 직장이 아니구나 하는 생각을 많이 했어요. 봉사인지 활동인지…, 글쎄요. 활동가교육 받을 때는 절대 내담자를 가족같이 바라봐선 안 된다고 배우긴 했지만 사람인데 어디 그런가요. 모두 내 가족 같고 그런걸요. 1년 동안 제 스스로 정체성에 대한 고민을 많이 했어요. 그런데 느낀 점이 이게 봉사는 아니라는 거예요. 불쌍해서 도와주는 게 절대 아니라는 거죠. 저희는요. 몰라서 당하고 있으니까 화가 나서 도와주는 역할을 잠시 할 뿐이에요.

캄보디아에 간 적이 있는데, 전 정말 그들의 삶을 함부로 슬퍼할 수가 없더라고요. 내가 단지 그들의 삶을 불쌍하게 여기는 기분이 들 수야 있겠죠. 하지만 그래서는 안 된다고 생각했어요. 그 사람들도 충분히 그들 나름의 행복한 삶을 살아가고 있는데, 내가 뭐라고 그들의 삶을 재단하고 있는 걸까요. 실업센터 상담 활동도 마찬가지였어요. 저는 그들을 불쌍하게 여겨서 봉사한 게 결코 아니었어요. 단지, 사용자들의 잘못된 행위에 정당하게 분노하고 피고용인으로서 그들의 의식이 변화할 수 있도록 도와주는 것, 그게 제 나름의 몫이었다고 생각합니다.

20대 청춘에게,
조금은 느리고 뒤처지겠지만 진정으로 '나'를 찾길

김필남 : 여기 20대 대학생 분들도 꽤 오셨는데요. 그럼 화제전환을 해서, 청년들이 요즘 취업이 잘 안 되고 있는 현실 속, 청년들의 자활과도 같은 제도지원도 센터에서 이뤄지고 있는 건가요?

최문정 : 그렇진 않아요. 청년들은 여기 안 오거든요. 스스로가 해결하고 싶어 하고, 이런 데 상담받기 꺼리는 게 대다수예요. 저도 예전에 그랬고요. 실업센터는 주로 고령자들만 오세요. 청년들의 자발적 상담은 거의 없다고 보시면 돼요. 청년자활을 돕는 단체가 따로 있기는 해요. 실업센터에 가끔 가출청소년들이 오기는 하는데 그럴 때 저희가 그쪽 단체로 연결해드리기도 하고요.

김필남 : '도전하는 청춘'이라는 부제처럼 요즘 청춘들이 많이 힘들죠. 취직도 잘 안 되고, 저만 해도 비정규직 대학강사 신분이고요.

최문정 선생님께서 이런 20대 청춘들에게 하실 말씀이 있다면요?

최문정 : 글쎄요. 저도 지금 백순데, 같이 구해야죠.(웃음) 농담이고요. 그냥 제가 동생이 있었다면 하고 싶은 말은 있어요. 제가 그들에게 뭐라고 조언하고 일침을 놓겠어요…. 다만, 저는 그렇게 생각해요. 왜 '똥인지 된장인지 꼭 찍어봐야 아나'라는 어른들의 말이 있잖아요? 저는 정말 많은 경험을 했어요. 열 군데 넘는 직업군을 통해 알바, 계산원의 신분으로 뭐든 닥치는 대로 일을 해왔어요. 그러다 보니 깨달은 게 있는데 막무가내로 일을 하라고 종용하는 기성세대의 시각도 있겠지만 저는 '똥인지 된장인지 꼭 찍어보라'고 20대들에게 조언하고 싶네요. 물론 그러기까지 엄청난 시간과 비용을 투자해야 하겠지만요. 삶의 패턴은 또래들보다 조금 느리고 뒤처지겠지만 그 시간 속에서 나를 깨닫고 보고 느끼는 시간은 풍성해진다고 저는 믿어요. 제가 그랬으니까요. 진심으로 나를 채워갈 수 있는 시간은 20대가 아니면 힘들어요. 취직이나 스펙의 압박이 있겠지만 저는 청춘들이 너무 그런 것에 매여 겁내지 않으셨으면 좋겠어요.

행동하고 고민하는 삶을 살고 싶다

김필남 : 4부의 김여사 님 이야기를 시작해볼까요? 최문정 선생님의 글을 읽으며 가족들을 참 많이 아끼는 사람이라는 생각을 했어요. 선생님께 있어서 가족이란 어떤 존재인가요?

최문정 : 가까이 있지만 여전히 어려운 존재인 것 같아요. 가장 안전한 곳이라 생각해서 자주 도망가게 되는 곳이 가족 같다는 생각을 종종 해요. 제 새로운 목표는 독립이거든요. 이런 말하면 저희 가족들이 서운하게 생각할지도 모르겠지만, 전 요즘 항상 이별연습을 하고 있어요. 가족 간에 이별할 수 있는 타이밍이 필요한데, 저는 그게 필요했던 것 같아요.

김필남 : 앞으로의 계획이 있으시다면?

최문정 : 저는 참 활동가라고 말하기가 부끄러웠던 게, 행동하지 않는 사람이라서 그랬어요. 예전에 지나가는 사람들이 길을 물어보고 그랬을 때, 엄마가 잘 알지도 모르는 사람에게 과잉친절을 베푸는 것 같아 말렸는데 돌이켜 생각해보니 제가 부끄러운 짓을 했었더라고요. 행동하고 고민하는 삶을 살고 싶은 게 앞으로의 제 바람입니다. 저는 일 년 후, 이 년 후의 계획이 없어요. 오늘을 살고 항상 성실하게 내 밥값을 버는 사람이 되고 싶어요. 잘 살게요.(웃음)(2013년)

51

철학을 이해하기 위해서는
한 인간을 이해해야 한다

『한나 아렌트와 마틴 하이데거』 황은덕(역자)

  2013년 10월, MIT 교수였던 엘즈비에타 에팅거의 저서 『한나 아렌트와 마틴 하이데거』라는 책을 두고 역자와의 만남이 있었습니다. 정치철학자 한나 아렌트와 20세기를 대표하는 독일의 철학자 마틴 하이데거의 연인관계를 기초로 하여 저술된 책 『한나 아렌트와 마틴 하이데거』. 이 책을 두고, 소설가이자 번역자인 황은덕 선생님과, 계간 『오늘의 문예비평』 편집위원이신 김경연 부산

대 교수의 질의응답과 다양한 이야기들이 오갔습니다. 그럼, 그 자세한 이야기를 들어보도록 하겠습니다.

김경연 : 『한나 아렌트와 마틴 하이데거』라는 이 책은 두 철학자의 다른 면을 볼 수 있어서 좋았습니다. 이 책에 대해 소개하면 서두가 길어질 텐데요. 우선 번역자에게 이 책에 대해 어떤 이야기를 들을 수 있을지 책에 대한 전반적인 이야기가 필요할 것입니다. 이 책이 어떤 책인지, 그리고 마틴 하이데거와 한나 아렌트에 관한 소박한 소개 부탁드리겠습니다.

황은덕 : 처음에 산지니 출판사에서 전화가 와서 『한나 아렌트와 마틴 하이데거』라는 책에 대한 번역과 함께, 번역할 만한 가치가 있는 책인지 검토해달라는 요청을 했습니다. 우선, 책부터 읽어봤습니다. 읽어보니, 저는 굉장히 재밌었어요. 한나 아렌트의 경우는 아렌트의 폭력론을 인상 깊게 읽었던 기억이 있거든요. 저한테는 굉장히 강건하고 의지가 충만한 여성철학자로 인식되어 있었는데, 이 책을 보는 순간 제가 가지고 있던 기존의 아렌트의 이미지와 굉장히 달라 놀랐습니다. 이 책을 읽어보신 분은 아시겠지만, 논리적으로 사유, 자유, 의지에 대해 인간이 정치적으로 행동할 수 있는 힘을 행위라고 분석한 아렌트가 책에서는 너무나 섬세하고 사랑 앞에서 어쩔 줄 모르는 여성으로 그려져 있거든요. 하이데거 같은 경우도 굉장히 충격이었습니다. 독특한 언어관을 가지고 있는 형이상학자 하이데거를, 저는 그동안 존재의 철학자로

서 추상적으로 이해해왔습니다. 그런데 이 책을 보고 사랑을 쟁취하기 위한 온갖 술수를 다 부리면서 거짓말과 기만을 보여주는 하이데거의 모습에 우선 놀랐습니다. 그리고 책에는 어렴풋이 알고 있던 하이데거의 나치즘 연루사실도 비교적 상세하게 기술되어 있었습니다. 이 책은 최대한 팩트에 근거해서 편지와 다양한 자료들을 조합해나가면서 서술되었습니다. 하이데거의 사유와 의지와 그의 그런 면모를 강조했던 아렌트의 숨겨진 뒷모습을 알 수 있어서 저로서는 쾌감을 느낄 수 있었고요.

엘프리데 하이데거와 마틴 하이데거

대부분의 사람들이 이 책에 대해 보여주는 첫 번째 반응은 불쾌함이었습니다. 개인적으로 하이데거와 아렌트의 전공자들을 알고 있었는데 이 책의 출간에 대해서 이야기드렸더니 모두 불쾌해하시더라고요. 철학에 집중하지 않고 왜 이런 것(연애사)에 집중하느냐고 공격하기도 했습니다. 글쎄요. 저는 한 사람을 이해하기 위해서는, 그리고 철학을 이해하기 위해서는 인간을 이해해야 한다고 생각합니다. 1994년에 출간한 책인데 이 책은 지금도 굉장히 논쟁적인 책입니다. 이유는 두 철학자들의 불륜에 너무 초점을 맞추지 않았나, 그리고 엘즈비에타 에팅거의 태도가 굉장히 아렌트 위주로 아렌트를 편애하면서 기술되었다는 점이겠지요. 제가 보기에도 아렌트와 하이데거를 이렇게 해석하기도 하는구나, 생각할 정도로 굉장히 편향적인 태도로 서술되어 있습니다. 아마 저자도 아렌트와 마찬가지로 나치즘을 피해서 망명생활을 했기 때문이라고 봅니다. 저자인 엘즈비에타 에팅거도 소설을 두 권 발표했습니다. 아렌트의 전기 집필 중에 사망하였는데, 이런 점들을 종합해봤을 때 자연히 아렌트를 편애하는 쪽으로 글을 쓰지 않았나 생각되네요. 이 책이 그 전에 둘의 관계를 다뤘던 소설이나 이야기들보다 굉장히 드라마틱하게 다가왔던 것은 피상적으로나마 기존의 하이데거나 아렌트에 대한 고정관념을 깨뜨린 책이었고, 그럼으로써 어쩌면 이 두 사람을 훨씬 더 잘 이해할 수 있지 않을까 하는 점 때문이었습니다. 불쾌해하시던 전공자를 두고 이런 이야기를 했는데 금방 이해하시면서 제 번역 작업에 대해 이해하시더군요. 그런 계기로 번역을 하게 되었습니다.

김경연 : 저는 하이데거를 학부과정에서 시론을 통해 들었던 기억이 나네요. 어렴풋이 하이데거라는 철학자에 대해 어렵다는 생각이 고정관념으로 자리 잡게 되었었는데요. 저에게는 하이데거라는 철학자가 이렇게 어려운 사람이었는데, 선생님께서는 책을 통해 그의 다른 면모를 발견하여서 흥미로웠다는 이야기를 하셨던 것 같습니다.

책 끝에 실린 역자후기를 읽었습니다. 의미심장하게 쓰고 계신 부분이 있는데 저는 선생님의 후기를 읽으면서 두 철학가의 이야기에 대한 불편함과 낯섦을 극복할 수 있지 않았나 생각합니다. 이 책 표지에는 '행간에 놓인 사랑과 철학, 위대한 대화들'이라고 쓰여 있지만, 제 솔직한 생각으로는 두 철학가의 거의 모든 작업을 삭제하고 두 사람 간의 관계를 굉장히 선정적으로 풀어놓고 있지 않은가 하는 생각이 들어서 조금 불편했던 점이 있습니다. 번역자로서, 그럼에도 불구하고 이 책의 가치에 대해 얘기해주실 부분이 있을 것 같습니다.

황은덕 : 번역하면서 아렌트 전공자와 먼저 전화 통화를 했습니다. 그분께서는 이 책을 보고 싶지 않다고 하시더군요. 학계에 계신 많은 분들이 이 책을 선정적인 방식으로 보고 있다는 것에 저는 조금 생각을 달리했습니다. 한나 아렌트에 대한 모든 책이 다 번역되었고 하이데거에 대한 거의 모든 책이 번역이 다 나와 있는데 왜 유독 이 책만 번역이 되지 않았는지 그 의문에 대해서 말입니다. 심지어 둘의 대화록에 관한 번역조차 나와 있는데, 미국에서 주목받았던 이 책은 한국 학계에서는 마치 금기사항으로 취급당하고 있더군요. 사람들이 철학에 대한 아우라를 마주하기를 굉장히 두려워하고 있구나 하는 생각이 들었습니다. 이 책은 사실, 두 사람의 관계에 대해 철저히 사실적으로 다루고 있습니다. 오히려 저는 아무도 안 하려고 하기 때문에 제가 할 필요가 있지 않을까, 소설가인 제가 학계에서 다루지 않는 둘의 사랑이야기를 다룬다는 점에서 이 책의 존재 의미는 충분하지 않을까, 오히려 아렌트

와 하이데거를 좋아할수록 둘의 이런 면모를 알아야 하지 않을까, 생각했습니다. 제 역자후기는 모두 이러한 변명들을 나열한 것에 불과합니다.

이율배반과 자기모순, 지적 영감의 교류자로서의 다양한 사랑의 측면을 보다

김경연 : 이 책을 읽어보신 분들은 알겠지만 하이데거의 아내인 엘프리데와 하이데거의 관계가 부수적으로 나오고, 아렌트의 남편 블뤼허의 관계 또한 굵직하게 나오고 있습니다. 어느 블로그에 한 독자의 서평을 보니 '마치 순진한 한나 아렌트가 못된 하이데거의 꼬임에

김경연 『오늘의문예비평』 편집위원

빠진 것처럼 스토리를 만들어나간다'는 글을 써놓았던데요. 저도 이 책에서 저자의 편향된 시각을 읽을 수 있었습니다. 저자가 '하이데거는 아렌트를 통해 끊임없이 자기 환상을 만들어낸다. 한데 그를 타락하게 만든 것은 그의 아내 엘프리데다.' 하는 식으로 끊임없이 아렌트를 옹호하는 것처럼 느껴집니다. 역자로서 엘프리데와 하이데거의 부부관계와, 블뤼허와 아렌트의 부부관계, 그리고 하이데거와 아렌트의 만남을 계속 용인하는 블뤼허의 태도에 대해 어떻게 생각하시는지요.

황은덕 : 아렌트의 사랑은 굉장히 자기기만적인 영역이었습니다. 처음 시작은, 열여덟 살에 아렌트가 서른다섯의 철학교수인 하이데거를 만났던 거죠. 당시 독일에서 교수와 학생관계는 엄격한 도제관계이자 절대복종의 관계였습니다. 1924년도 가을에 마부르크 대학에 입학한 아렌트에 있어 하이데거 교수는 가장 인기 있는 교수였고요. 대학에서 만난 둘은, 5년 동안 연인으로 지내다가 다시 또 만나면서 재회를 반복하고요. 재회 당시, 하이데거는 나이도 많이 들었고 나치즘 오명을 벗기 위해 굉장히 노력을 했습니다. 당시 하이데거는 아렌트가 필요했고 아렌트 입장에서 볼 때는 과거의 연인이자 스승이자 철학과 동격인 신적인 존재인데, 두 사람의 관계가 늘 그랬어요. 하이데거에 있어서도 아렌트가 사랑의 대상이었고요. 끊임없이 영감을 주고, 자신을 숭배하고, 나만이 그의 유일한 여성이다, 나만이 그를 정신적으로 구원해줄 수 있다고 아렌트는 그렇게 믿은 거죠.

그런데 그런 점이야말로 환상이었다고 생각합니다. 저자도 아렌트와 같은 시각으로 바라보고 저술하고 있지만, 사실 하이데거에 가장 어울리는 짝은 엘프리데였거든요. 오히려 아렌트는 처음에 하이데거의 나치즘 부역을 비난하고 장문의 편지를 쓰기도 했는데, 엘프리데는 끊임없이 하이데거를 지원하고 하이데거에게 현실적인 도움을 줍니다. 어쩌면 아렌트는 하이데거를 통해 어떤 철학적인 환상을 가지고 있었던 거죠. 엘프리데 같은 경우는 하이데거가 마부르크 부교수 임용이 되었던 첫해에 투트나우베르크의 오두막 산장에서 그가 집필에 전념할 수 있도록 모든 육아와 집안 살림을 떠

지역에서 행복하게 출판하기

맡습니다. 사실, 따지고 보면 엘프리데도 정치철학을 전공했던 상당한 인텔리였어요. 아렌트와 다른 방식의 사랑이었던 거죠.

한나 아렌트와 하인리히 블뤼허

아렌트의 남편, 블뤼허에 대해 이야기하자면 독일 노동당을 창당했던 스파르타쿠스당, 바로 이 하인리히 블뤼허가 이곳의 당원이었습니다. 굉장히 선동적인 노동자 혁명당원이었던 그와 아렌트는 사상적으로 연결이 되었고요. 블뤼허는 우리 식으로 말하자면 일종의 강남좌파라고나 할까요? 굉장히 교육을 잘 받은 사람이었어요. 아렌트는 그와 사상적인 동지였고 서로를 많이 지지하는 관계였습니다. 어떻게 보면 블뤼허가 많이 단순했던 거죠. 계속 인정을 갈구했던 아렌트의 불안요소나 아렌트가 갖고 있는 하이데거에 대한 사랑을 이해하지 못했습니다. 자기와의 휴가를 그만두고서라도 하이데거를 격려해주고 위로해주라고 아렌트에게 충고할만큼, 블뤼허 또한 하이데거 철학의 팬이었죠. 아렌트는 결국 예전

황은덕 소설가 · 번역가

에 하이데거와 연인관계였다고 블
뤼허에게 고백했는데도 아렌트에게
계속 철학사를 위해 하이데거를 도
와주라는 조언을 합니다. 편지에 나
타난 바에 의하면 블뤼허는 아렌트
를 굉장히 사랑했던 사람이었습니
다. 다만, 사랑의 오묘한 부분을 이
해하지 못한 그런 사람이었죠.

김경연 : 블뤼허의 사랑의 방식이나, 아렌트의 이율배반 또한 듣고
보니 이해가 됩니다. 하이데거가 아렌트를 두고 삶의 활력소라고
이야기했듯이, 서로가 이 관계에 지적영감을 자극해주고 지적영감
을 받고 있습니다.

질문을 저만 할 수 없으니까 다른 분들께서도 질문을 해주시면 좋
을 듯합니다. 저자는 이미 돌아가신 분이라서 없으니 번역자에게
궁금한 점이 있으시다면 마음껏 해주시면 좋을 듯합니다.

독자1 : 두 사람 간의 관계를 책을 통해 잘 읽었고, 또 그 관계에
대해 잘 들어보았습니다. 번역자 선생님께서는 하이데거처럼 존경
의 관계를 이루는 분을 만나신 적이 있으신지요?

황은덕 : 그럼요, 있죠. 철학적인 관계라기보다도 저는 예전부터 문
학에 많은 가치를 두었으니 문학이라고 하는 게 옳을까요. 비록

제가 많은 소설을 쓰지 않았지만, 문학계 내에서 존경하고 흠모하는 분을 만난 적이 있습니다. 그런데 그 선생님의 이면을 보게 되면서 실망하게 되더라고요. 오히려 나중에는 편안해지더군요. 환상이 깨지는 건데, 그것도 소중하게 받아들이고 그 선생님을 지금도 존경하고 있습니다.

독자2 : 아까 이야기가 나온 부분들은 계속 선정적인 부분만 편집해서 출판한 게 아닌가 하는 게 주된 내용인 것 같은데, 저는 다른 생각이 듭니다. 로뎅이나 까미유 끌로델이라든가, 다른 세기의 사랑들에 비해 이 둘의 관계는 외려 가장 차분한 사랑이라는 생각이 들었거든요.

뭐랄까, 사실에 근거해서 쓰다 보니까 그렇게 된 걸까요? 개인적으로 오히려 이 두 사람이 왕래한 편지를 그대로 놔두고 저자의 감정이 덜 개입되었더라면 책의 내용을 두고 비난을 받던 이 둘의 사랑이 더 깊게 다가오지 않았을까 하는 생각이 듭니다. 해석도 독자의 몫일 테고요. 하이데거에 있어서 인간성에 대해서 실망도 많이 했고요. 편향된 시각으로 저술한 저자의 관점에 대해 어떻게 생각하시는지…. 아니면 편지를 편집하지 않고 그대로 인용했으면 어땠을지, 번역자의 관점에 대해 묻고 싶습니다.

황은덕 : 번역서는 안 나와 있지만 이미 서신 전편이 미국에서는 모두 책으로 나와 있습니다. 이 책에서는 정말 조금씩 발췌한 거고요. 그래서 해석이 분분한 책이죠. 그렇긴 하지만 이런 시도도

마가레테 폰 트로타 감독이 한나 아렌트의 삶을 다룬
〈한나 아렌트(Hannah Arendt)〉가 영화로도 나와 있다.

예전에는 없었던 거고, 그야말로 첫 시도였습니다. 그 이후에 서신
이 그대로 공개된 책이 재출간되기도 합니다. 아마 서신은 독일어
로 주고받았을 텐데, 책은 영문판으로 나와 있습니다.

독자3 : 질문이라기보다는 제 사견입니다만, 저자가 이 글을 쓸 때
아렌트의 입장에서 썼다고 얘기하셨는데, 동의합니다. 하이데거의
치졸함이 곳곳에서 느껴졌거든요. 요즘 세상의 시각에서 보면 정
말 완벽한 나쁜 남자라는 생각입니다. 하지만 하이데거에 못지않
게 아렌트 또한 매력적인 여자라고 전혀 느껴지지 않았습니다. 아
니, 이렇게 똑똑한 여자가 한 남자에 의해 이렇게 자존심 없고 수
동적이고 주체성도 없는데다 스스로 숨겨지려고 하는 등 전혀 매
력적이지 않아 보였고요. 정말 작가가 아렌트에게 애정이 있었는
가, 하는 의문마저 들더군요. 그래서 저자의 의도가 궁금합니다.
이렇게 파헤칠 필요가 있었을까요?

황은덕 : 처음에 말씀드렸지만, 아렌트의 저서를 먼저 읽고 이 책을 읽다 보면 정말 그렇게 똑똑하고 지적인 여성과 이 책에 등장하는 수동적이고 주체성 없는 이 여자가 같은 여자란 말인가 하는 생각에 쇼킹 그 자체일 겁니다. 하지만, 오히려 저는 그래서 더 매력적인 것 같습니다. 아렌트의 사상과 정반대되는 지점에 하이데거가 놓여 있거든요. 이를테면, 반유대주의, 제국주의, 인종주의, 나치즘과 파시즘으로 귀결되는 이 하이데거라는 인물을 아렌트가 돕는데 굉장히 중요한 역할을 했다는 것을 알 수 있습니다. 하이데거가 미국에서 유명해지게 된 계기가 미국에서 하이데거의 『존재와 시간』과 같은 저서들이 번역되었기 때문인데, 영역(英譯)을 할 만한 출판사와 번역자를 아렌트가 알아보았다는 점이 그렇습니다. 어떻게 하면 그렇게까지 할 수 있을까 하는 게 굉장한 의문점입니다. 나의 사상과 정반대되는 상대를 끝까지 보호하고 자신을 속이고 기만하면서 사랑할 수 있었을까? 저는 그럴 수 있다고 결론을 내렸고요. 아렌트에 있어서 하이데거는 단순한 연인이 아니었다는 거죠. 열여덟 살의 아렌트는 하이데거를 통해서 모든 것을 흡수하였습니다. 그의 존재는 단순한 불륜 대상이 아니라 철학, 문학, 시, 그 자체와도 같은 것이었으니까요.

글쎄요. 아렌트의 그 수동성은 저도 참 깜짝 놀랐습니다. 하이데거가 모두 모놀로그처럼 독백하고 아렌트는 그저 듣기만 하는 관계 말이죠. 그것도 독일 대학사회의 도제관계에서 비롯된 것이라고 봅니다. 50년대 초 미국에서는 오히려 아렌트가 더 유명했음에도 불구하고 그런 관계가 유지될 수밖에 없었던 거죠. 저는 번역자의 운명인지 몰라도, 아렌트의 수동성 때문에 그녀의 매력이 반감되지는 않았어요.

김경연 : 번역자로서 이 책에 대한 이 책에 대해 방어도 하시고, 하이데거와 아렌트에 대한 여러 가지 이야기들을 총체적으로 많이 나누었습니다. 소설가들이 최근 번역을 많이 하면서 좋은 반응을 얻고 있는데 소설가로서 선생님께서 앞으로 쓰실 소설에 하이데거와 아렌트의 사랑이 어떻게 작용할 것인가를 이야기해주셨으면 좋겠습니다.

황은덕 : 이 책을 번역하면서, 사실 제 작품 창작에도 굉장히 많은 도움을 받았어요. 번역하면서 남자주인공은 교수님, 여주인공은 학생, 작품의 무대는 자연과학대학이 어떨까, 실험실이 좋겠다, 하는 식으로 구체적인 상상력을 통해 굉장히 자극을 많이 받았고요. 제가 아마 소설을 쓰기 때문에 번역작업이 훨씬 더 흥미로웠던 것 같습니다. 제가 만약 순수 연구자였더라면 이런저런 염려와 조심스러움 때문에 번역할 생각을 못했을 것 같네요. 아무래도 제가 소설가이다 보니, 인물에 대한 해석이 좀 더 감성에 기초해 있지 않나 하는 생각입니다. 학술서, 인문과학서에 관한 학자들의 번역작업도 필요하지만 소설이나 이런 류의 책은 문인이 번역하는 것도 바람직하다는 생각이 듭니다.

김경연 : 번역자와 마찬가지로, 세상에 대한 번역을 하고 있는 게

지역에서 행복하게 출판하기

소설가가 아닌가 하는 생각입니다. 이 책에 대한 번역자로 이번 저자와의 만남을 시작했지만, 다음에는 소설가의 자리로 또 한 번 만나 뵙길 바라면서 이만 마치겠습니다. 감사합니다.(2013년)

52

중국의 국민성에 대한
참신한 해석

『흩어진 모래』 이종민

전성욱 : 그동안 중국에 관해 문학적 측면만 바라보다가, 20세기 초반부터 왕후이에 이르기까지 중국 사상사가 집약되어 있는 이 책을 통해 중국사상사를 아주 재밌게 읽었습니다. 아시는 분은 아시겠지만, 이종민 교수님은 중국 문학 연구자, 그중에서도 중국 근현대문학 연구자로 출발했습니다. 그런데 언젠가부터 선생님뿐만 아니라 중국 문학을 연구하시는 분들이 문화 쪽에 많은 관심

지역에서 행복하게 출판하기

을 가지시고, 특히 사상사 분야에 굉장히 많은 관심을 가지는 양상을 볼 수 있습니다. 그만큼 중국학의 범위가 넓어진 것 같습니다. 이종민 선생님께서 지금까지 몇 권의 중요한 저작들을 번역하시고, 저서도 출간하셨는데 아마 중국 근현대 사상사에 대한 연구로는 본격적으로 나온 첫 저작이 아닐까 하는 생각이 듭니다. 그래서 선생님의 연구방향 속에서 이 책이 가지는 의미를 설명해주시길 바랍니다.

이종민 : 첫 질문부터 어렵네요. 일단 바쁜 시간 내서 와주신 선생님들과 학생들에게 감사하다는 말씀을 전해드립니다. 제 딸이 중학교 2학년인데 앞으로 어떻게 진로를 정해야 할지 고민이 많더라고요. 아빠는 어떻게 중국문학을 전공했느냐면서…. 제가 86학번인데 그 당시만 하더라도 지금처럼 중국이 대세는 아니었습니다. 막연히 중국으로 가서 무슨 일을 하면 될 것 같다는 느낌이 있었습니다. 제가 문학을 전공하고 연구해왔지만, 어렸을 때부터 글쓰기나 책읽기를 좋아했던 것은 딱히 아니었습니다. 아버지께서도 활동적인 일, 이를테면 신문기자나 경영 쪽을 전공하는 게 어떻겠냐고 많이 반대를 하셨지요.

1992년도에 한중수교가 이루어져 본격적인 연구도 하고, 유학생 활도 시작했습니다. 이어 한국으로 돌아와 학생들을 가르치면서 중국문학이라는 연구 분야와 학생들이 원하는 실용적인 교육에서의 괴리를 절감했고요. 학생들은 주로 사회과학, 정치, 경제 같은 중국문화 공부를 원하고, 이를 문학과 연결시켜야 하는데 가르치는 저로서는 잘 연결이 안 되더라고요. 그래서 아예 사회과학과 관련된 부분을 전문적으로 연구하자, 나중에 다시 문학으로 돌아와 사회·인문학적 관점으로 중국을 접근해보면 어떨까 하는 생각과 작업들이 결국 이 책『흩어진 모래』까지 오게 되었죠. 이 책은 주로 문학 얘기가 아닌 문학, 사학, 정치·경제학 등으로 작성되었고, 쓰고 나서 제가 다시 보니까 내공 있는 사기꾼이 통섭해놓은 이야기 같네요.(웃음) 그러니까 초보적인 사회·문학적 관점에서 중국 문학을 바라보는 시도였던 것 같습니다.

중국, 중국인을 어떻게 이해할 것인가를 담다

전성욱 : 제목을 보면 학술서로서는 아주 흥미로운 제목 같습니다. 보통 학술서는 딱딱한 제목으로 되어 있는데 말입니다. 지금껏 '흩어진 모래'라는 용어는 중국의 국민성, 공공의식, 공동체의식의 결여라는 서양인들 혹은 중국 내 지식인들이 중국 국민성을 비판적으로 인식하여 사용하던 의미였으나, 이종민 선생님의 의도는 이 의미를 역전시켜서 중국의 나아갈 방향이나 새로운 의미를 찾아내려는 맥락에 있다고 생각합니다. 그래서 선생님께서 이『흩어진 모래』라는 제목과 개념을 통해서 독자들에게 전달하려는 메시지를 듣고 싶습니다.

이종민 : 제가 사회과학적 중국 연구를 진행해왔지만 애초에 저는 문학 연구자로서 문학을 초점으로 출발했기 때문에 중국인들

이 20세기에서 지금에 이르기까지 심각한 정치적 변화 속에서 어떤 생각을 가지고 살아왔는지 등, 제 관심은 늘 중국인을 어떻게 이해할 것인가 하는 것이었습니다. 제가 중국인을 공부하면서 근대 이전의 전통적 중국관에서 벗어난 계기가, 아편전쟁 이후에 중국에 서구라고 하는 새로운 세력이 들어오면서 새로운 중국 정체성이 만들어지면서부터입니다. 그 속에서 중국인들의 근대국가를 만들어 가기 위한 고민들이 시작되는데, 사실 서양인들의 시선으로 파악되는 중국인들은 흩어진 모래처럼 자기의 이기적인 생존만 알고 국가를 위해서 단결할 줄 모르는 사람으로 비춰졌습니다.

흩어진 모래라는 말을 처음으로 서양인들이 영자신문에 게재하였는데, 이를 본 중국지식인들이 '중국의 문제점은 흩어진 모래처럼 단결하지 못하고 개인의 생존만 추구하는 것이구나' 하는 걸 깨닫게 됩니다. 그 말이 지속적으로 재생산되면서 지금에까지 이르는데, 서양의 근대적이고 자본주의적인 생활을 했던 사람들이 타자의 시선으로 농경사회를 바라보면서 '흩어진 모래'라는 비하적인 느낌의 용어를 썼던 것이고, 근대 중국 지식인들도 중국의 여러 가지 낙후된 문제점을 해결하는 데 있어서 어떻게 흩어진 모래로 대변되는 모래알 같은 사람들을 시멘트와 같은 단단한 사람으로 만들 것인지, 국민성 개조에 관한 부분이 가장 핵심적인 중국 지식인들의 고민이 아니었을까 싶습니다.

21세기 와서 중국의 이미지가 많이 나아졌지만 실제로 개개인, 국민 한 사람 한 사람을 말할 때는 문명인이라고 하지는 않을 겁니다. 국가는 부강할지 모르지만 아직 국민 하나하나는 성숙된 문명 의식을 바탕으로 더 성장해야 합니다. 그러면 흩어진 모래와 같은 중국의 국민성을 어떻게 할 것인지 하는 고민도 제 나름대로 해 봤는데, 중국인들이 굉장히 개인적인 것은 사실이지만 사실 넉넉하고 여유 있는 국민성 또한 갖고 있습니다. 어떤 고난상황에서도 좌절하지 않는 낙관적이고 인내심 강한 속성도 상당히 있었고, 그런 속성이 어떻게 보면 흩어진 모래라고 하는 이미지와 맞는 부분이 있지 않나 싶었습니다.

비 오는 날 모래밭을 바라본 적이 있는데 옆에 흙이 많은 부분은 진흙탕처럼 되는데 모래밭은 물을 다 빨아들이면서 오히려 가는 길을 푹신푹신하게 하더라고요. 모래 하나하나는 작고 흩어져 있는 것 같은데 그 틈새와 여유 덕분에 훨씬 큰 힘을 발휘하고 포용

지역에서 행복하게 출판하기

적인 차이를 구성할 수 있지 않겠는가 싶었습니다. 그래서 이 흩어진 모래가 이들의 생존만 추구하는 게 아니라 인생을 낙관하면서고 여유 있게 포용할 수 있는 이미지로, 즉 흩어진 모래로 쓸 수 있겠구나 하는 생각이 들었습니다.

지식인이 갖고 있던 계몽과 환멸에 대한 고뇌를 담다
-『광인일기』

전성욱 : 저는 4장에 있는 글을 아주 재미있게 읽었습니다. 저는 이 글을 읽으면서 중국 근현대사 통사를 읽는 기분이 들었습니다. 그 정도로 유기적으로 잘 짜여 있는데 4장의 광인일기를 분석한 부분은 제가 비평을 쓰는 입장에서 선생님의 문학적 피를 속일 수 없다는 생각이 들었습니다. 문학연구자로서 또 비평가로서 굉장한 글이 아닌가 하는 생각이 들었습니다. 문체라든지 문장 자체가 다른 글들과 아주 질적으로 다른 느낌을 받았습니다. 내용도 내용이지만 문장을 읽어나가는 질감이 아주 좋았거든요. 그래서 여기 실린 열 편의 글들하고는 다른 어떤 사연이 있을 것 같습니다.

이종민 : 역사를 큰 흐름으로 얘기하다 보면 마음속에 생각하는 것은 잘 안 보이는 것 같습니다. 그래서 마음의 얘기를 엿볼 때는 문학 텍스트를 동원해서 글을 씁니다. 국민성 담론이 지나치게 지식인 중심이나 엘리트 중심인 것을 비판했듯이 루쉰의 『광인일기』가 제가 고민하고 있던 것을 그 작품에서 적확하게 표현했다고 봤습니다.

이종민 교수

계몽자로서의 지식인들이 현실 우위적 입장에서 대중들을 어떻게 계몽할 것인가를 고민할 때 대중들은 계몽대상이기 때문에 우매하고 흩어진 모래의 이미지처럼 인식되는 거예요. 그러면 서구적 지식을 가진 지식인들은 대중들을 두고 문제 있는 것이 아니냐, 하는 것이고요. 그런데 그런 과정 속에서 계몽하는 사람과 계몽된 대중 간의 의사소통이 안 되면서 괴리가 일어나고, 광인은 계몽을 시도하다 실패하면서 스스로 좌절하고 환멸에 빠지는 것이죠.

계몽과 환멸의 과정, 이건 전 역사적으로 비슷한 순환인 것 같습니다. 제가 여기서 살펴보려고 했던 것은 계몽자의 우위적 입장에 서지 말고 대중과 소통할 수 있는 의식과 방법이 무엇인지였고, 그걸 연구하고 고민하면서 이 장을 쓴 건데 대충 보니까 그렇게 해석해도 충분히 될 것 같더라고요. 대중과 현실에서 떨어진 세상 변화가 아니고 사회와 계몽자 속으로 들어가서 거기서 현실의 구체적인 프로그램과 가능성을 보면서 활동하자, 그것이 지식인이 해야 될 일이 아닌가, 그 이야기를 문학 비평을 통해서 시도한 겁니다.

전성욱 : 다른 글들과 다르게 이 글은 시각도 굉장히 참신하고 독특했지만 내용과 형식이 동떨어지지 않는 아주 좋은 글이 아닌가 싶었습니다. 저도 루쉰의 『광인일기』를 읽어봤고 『광인일기』에 관한 글들도 읽어봤는데 이종민 선생님의 글은 굉장히 독특하고 재밌는 글이라 반드시 읽어보시길 권해드리고 싶습니다. 선생님의 역량을 충분히 엿볼 수 있는 그런 글이 아닌가 싶습니다. 앞으로도 이런 글을 많이 써주셨으면 합니다. 그럼 이제 청중석에서 질문하실 것이 있으면 질문해주십시오.

다양한 '중국모델'들과 중국 내 지역서비스 편차

독자 : 지금 현대 중국에 대해서 여러 가지 말씀하셨는데 중국은 워낙 크고 인구가 많은 국가이지요. 2013년 현재 중국 속에서도 백 년, 이백 년가량 차이 나는 시스템들이 상존해 있지 않은가 하는 생각입니다. 예를 들자면 상하이 같은 경우에는 80세 이상에게 제공되는 복지 시스템 같은 건 우리보다 훨씬 낫다고 볼 수 있습니다. 교통비라든지 의료비라든지 심지어는 매일 우유를 배달해준다든지, 90세 이상 되면 국가에서 매일 한 번씩 파견해 케어를 해준다든지…. 이런 정도의 고급 복지시스템을 갖추고 있는데 이렇게 동시대에 편차가 나는 시스템을 현재 중국이 갖고 있는 것은 어떻게 이해를 해야 할지 궁금합니다.

이종민 : 예, 맞습니다. 국가 공공 서비스라는 큰 틀은 국가가 잡아

야 되고 그다음 각 지역별로 광동모델이라든지 그 지역 특색에 맞게 해야겠죠. 어차피 중국은 지역 정치를 하는 것이니까요. 그래서 재원이라든가 리더에 따라 지역 특색을 살리는 시스템상의 편차들이 나타나고 있는 것이지요. 그래서 지금 중요한 것은 국가가 공공 서비스를 어떻게 해나갈 것인가, 이 부분이 안 잡힌 것이 제일 크고요. 아마 당분간은 계속 이러한 편차 속에서 가게 될 것 같습니다. 구비자산이 많은 충칭모델의 경우 국가 주도의 어떤 산업경제 절차라고 할 수 있는데, 광동모델 같은 경우는 이미 국유재산들이 상당 정도 민영화되어 있거나 혹은 토지 같은 사유권들이 매각되었기 때문에 충칭모델로 광동모델을 하면 안 된다는 것이죠. 오히려 생산력 복지사회라고 하는 이 시스템 속에서 만약 광동 자체를 개혁해나간다고 하면 지금보다 훨씬 선진화되고 산업생산력이 우수한 광동지역이 되지 않겠는가 생각합니다. 그렇게 국제 수준이 올라가면서 광동 시민들이 행복하게 살 수 있는 길이 나올 것 같은데, 말씀하신 대로 지역별로 나뉜 큰 틀과, 이에 따른 생활 정치를 어떻게 할 것인가, 이렇게 보는 것이 맞는 것 같습니다.

전성욱 : 그런 지역과 중앙에 대한 문제도 책에 언급되어 있었던 것 같습니다. 더 질문이 없으면 오늘 정리를 하면 될 것 같습니다. 개인적으로는 여러 가지 맥락에서 인문주의적인 좋은 책이 나왔다고 생각되고 이 책이 앞으로 많이 알려져서 더 많은 사람들에게 읽혀졌으면 하는 생각도 듭니다. 한국에서 나온 저자의 저서로서, 어떤 큰 맥락을 잡고 하나의 기획을 보여주는 좋은 책이 나왔다고

생각합니다. 그래서 오늘 참석하신 분들께서도 한 번 읽어보시면 아주 큰 시각을 얻을 수 있는 좋은 책이 아닌가 생각되고요. 마지막으로 오신 분들에게 성탄절을 맞아 좋은 말씀 가볍게 하시고 마치도록 하겠습니다.

이종민 : 와주셔서 감사합니다. 앞으로 베이징에 한 4주 동안 있을 생각인데 어떤 책을 써야 할지, 어떻게 살아야 할지 고민하면서 고독한 시간을 보내게 될 것 같습니다. 그 시간을 성공적으로 보낸다면 다음 공부 계획과 삶의 계획이 나올 것 같습니다.(2013년)

53

민주를 향한 움직임

『중국 민족주의와 홍콩 본토주의』 류영하

　지난 2014년 12월 12일, 『중국 민족주의와 홍콩 본토주의』의 저자 류영하 교수님을 모시고, 홍콩 민주화와 본토주의에 대해 들어보는 시간이 있었습니다. 출판사 편집자인 저의 미숙한 질문에 깊고 귀한 이야기를 풀어주신 저자 선생님께 감사드리며, 그날의 기록을 옮겨보겠습니다.

아시아의 현재이자 미래로서의 홍콩

양아름 : 반갑습니다. 산지니 출판사 양아름 편집자입니다. 이번 63회 저자와의 만남은 아시아총서 중 한 권으로 출간된『중국 민족주의와 홍콩 본토주의』의 저자 류영하 교수님이십니다. 홍콩역사박물관 사례를 통해 홍콩의 중국 반환 이후, 중국이 중원 중심주의 입장에서 홍콩인들에게 계몽하고자 하는 이데올로기를 살피고 있는 책이라고 할 수 있는데요. 특히나 류영하 선생님은 전작『홍콩이라는 문화 공간』과『홍콩-천 가지 표정의 도시』로 국내에서 거의 유일한 홍콩 전문가로 인정받고 계십니다. 홍콩은 국가가 아닙니다. 일국양제, 즉 한 국가 두 가지 체제라는 제도 속에서 중국이라는 사회주의 국가 안에 고도로 발달된 자본주의 체제가 공존해 있는 특수한 자치행정구역을 의미하는데요. 교수님께서 중어중문학을 전공하면서도 개중에 특히 홍콩을 주목하면서 집중 연구한 이유가 있으실 것 같습니다. 저에게는 홍콩 하면 우선 영화를 비롯한 홍콩 문화가 매력적인 것이었는데요. 선생님의 홍콩에 대한 애착에는 어떤 이유가 있으신지, 그리고 그 연구의 일환으로 이 책을 집필하신 계기를 말씀해주시길 바랍니다.

류영하 : 불타는 금요일에 약속도 많으실 텐데, 이곳을 방문해주신 분들께 우선 감사드립니다. 홍콩 연구자가 사실 제가 유일한 것은 아니고, 국내에서도 다각도로 연구가 진행되고 있습니다. 다만, 영화나 문학과 경제 등의 분야이기에 저와 같이 인문학적으로 연

구하시는 분은 드문 편입니다. 국내에서 중국학 연구가 사실 길지 않은 역사를 가지고 있는데, 개혁 개방 이후 연구가 급속도로 진행되었다고 본다면 국내의 중국학 연구는 아직 초기 단계입니다. 하지만 대부분 중국 본토 연구에 치중하고 있는 현실이라, 홍콩에서 공부한 저로서는 홍콩에 대한 연구가 부족하다는 게 늘 아쉬웠습니다. 외국에서도 홍콩학에 대해 굉장히 많은 연구가 진행되어 오고 성립된 지가 오래되었음에도 불구하고, 국내 사람들에게 홍콩에 대한 인식은 그저 쇼핑하러 가는 곳, 맛있는 것을 먹으러 가는 곳으로만 인식되어 있습니다.

저에게는 홍콩이 주는 의미가 굉장히 많습니다. 홍콩은 아시아의 현재이자 미래라는 의미가 있고요. 한국에게 한발 앞서 닥쳐올 미래를 보여주는 곳이 바로 홍콩이라는 생각이 듭니다. 제가 유학을 하면서 귀국할 때마다 느끼는 점이 홍콩이 뭔가 빠르구나 하는 점입니다. 홍콩에서 6개월 전에 유행하던 게 우리나라에 다시 유행하는 것을 느꼈습니다.

또한 홍콩은 도시의 문제점들을 고스란히 보여주는 공간이기도 합니다. 홍콩은 야경이 멋있습니다. 홍콩 사이드 쪽을 바라보면 빌딩숲을 이루고 있어 굉장히 멋있는 곳이죠. 여덟 시가 되면 음악과 함께 레이저쇼가 20분가량 상영되고요. 관광객들이 바라보며 황홀해합니다. 관광객의 입장에서 바라보면 굉장히 멋있지만 조금 더 자세하게 보면 비극의 현장입니다. 사실, 홍콩인들은 빛의 오염을 겪고 있습니다. 어떤 집은 잠을 자지 못할 정도이기도 하고요. 커튼을 아무리 두껍게 해도 너무 밝은 곳이 많아 살기가 힘들 정도라고 호소합니다. 왜냐하면 홍콩 당국에 빛의 오염에 대한 규제가 없기 때문이죠. 한동안 시민단체에서 이 문제에 관한 논의가 많이 나오기도 했습니다. 총독이 결론 내리기를 이는 홍콩의 상징이기 때문에 포기할 수 없다고 할 정도였지요. 이처럼 홍콩은 도시가 보여줄 수 있는 문제점을 고스란히 보여주고 있기 때문에, 아파트와 쇼핑센터의 밀집과 같은 인구집중 현상으로 골머리를 앓고 있는 우리에게도 반면교사가 될 수 있습니다.

또한 홍콩은 동서양의 화합이라는 측면에서 중요한 공간이기도 합니다. 서양에 대한 제도가 동양에 잘 정착한 사례로서, 동쪽의 특징들과 서구적 제도가 안착된 모습이 조화롭게 융합된 공간입니다.

국민국가의 박물관, 홍콩 스토리 전(展)

양아름 : 네. 홍콩이 가지는 의미에 대한 말씀을 저자이신 류영하 교수님께 잘 들어보았고요. 책을 읽지 않으신 분들을 위해 이 자리가 책을 소개하는 자리가 되었으면 합니다. 교수님이 이 책을 집필하기 위해서 무려 7년의 시간이 소요되었다고 하는데, 이는 서문에서도 밝히셨듯 류영하 교수님께서 홍콩과 한국을 오가며 수많은 취재와 녹취와 자료 수집 끝에 얻어낸 성과가 아닐까 합니다. 홍콩 스토리 전시에 어떻게 해서 가게 되었는지 그 일화와 이 책의 주요한 테마인 홍콩역사박물관에 대한 이야기를 할까 합니다.

양아름 편집자

책의 2부 홍콩의 박물관 부분을 살펴보시면 조지 엘리스 버코의 책을 인용하며 박물관이 '국민 국가의 박물관', 즉 국가 이데올로기를 계몽하기 위한 수단으로서의 박물관임을 말씀하셨는데요. 실제로 박물관에서는 어떤 식으로 전시가 되어 있었는지, 이 부분에 관한 이야기를 자세하게 부탁드립니다. 더불어 홍콩역사박물관에 대한 이야기도 해주세요.

류영하 : 출판까지의 시간을 따져보면 거의 8년이 흐른 것 같네요. 홍콩역사박물관은 2006년도쯤엔가 처음 방문을 했습니다. 저는 홍콩에서 공부를 했기 때문에, 홍콩에 대한 어떤 중독 현상이 있었어요. 홍콩의 모든 게 편하기도 했고요. 홍콩인들은 홍콩이 '자유'스럽다는 점을 자랑스럽게 생각합니다. 예를 들면 교통 법규가 자동차에게는 정확하게 적용이 돼요. 택시가 안 서는 곳은 하루 종일 서 있어도 절대 택시가 서지 않습니다. 홍콩 차들은 빨간불을 정확하게 지켜야 하지만, 사람들은 빨간불이더라도 차가 오지 않으면 지나가면 되듯이 사람에게는 효율적이고 자유로운 제도를 운영하고 있는 공간입니다.

이처럼 저에게는 홍콩에 갔다 오는 게 마치 휴가처럼 일상이 되어 시간이 날 때마다 홍콩의 서점을 방문하고 박물관에 왔다 갔다 하는 편입니다. 홍콩을 방문할 때마다 친구들을 만나 홍콩의 동향이나 이슈를 듣고 오기도 하고요.

홍콩역사박물관을 방문했던 그날은 '아 이게 내가 아는 홍콩일까.' 하는 충격을 받았던 날이었습니다. 그 나라를 알고 싶다면 박물관을 가야 한다, 라는 말도 있지 않습니까? 뉴욕에 가면 메트로폴리탄을 방문하라는 말처럼 말입니다. 어마어마한 액수의 돈을 홍콩역사박물관 건립에 들였고, 최고의 업체한테 돈을 붙여서 디자인했다는 소문을 들었지만, 의외로 1전시실과 2전시실은 고생물이나 바윗덩어리와 원시인 나오는 것을 만들어놓고는 백사장을 전시해놨다는 말입니다. 이 엄청난 공간에 홍콩 스토리를 정리하려면 바쁠 텐데 왜 이렇게 낭비하고 있을까, 과연 홍콩역사박물관에서 홍콩의 모든 것을 제대로 보여주고 있을까 하는 의문이 들어이를 찬찬히 분석해볼 필요가 있겠다는 생각이 들었죠.

저는 역사박물관은 가짜라는 것을 보여줘야겠다, 이것은 허구다, 라는 가정으로 그때부터 작심하고 준비해서 한국연구재단에 연구를 신청했습니다. 지원받은 결과물이 바로 이 책이고요.

임칙서, 중국 민족주의와 애국주의의 상징

양아름 : 책에서도 보시면 알 수 있듯 홍콩역사박물관에 전시된 임칙서 동상과 이순신 동상은 유사한 점이 많습니다. 마약단속의 선구자로서, 아편전쟁에 대한 좋지 못한 기억을 가지고 있는 중국에 중요한 인물이라고 할 수 있습니다. 임칙서에 관한 이야기 부탁드

립니다.

류영하 : 제5전시실에서 아편전쟁에 관한 이야기가 나오더군요. 들어가면 위압감을 주는 임칙서 동상이 커다랗게 전시되어 있습니다. 아편전쟁은 어떻게 해석하느냐에 따라 달라집니다. 중국 본토에서 배우거나 한국에서 중국을 통해 배우는 아편전쟁의 개념은 중국이 피해자라는 거예요. 중국가 왜 피해자냐면, 영국이 일본을 식민지화하면서 그 큰 땅덩어리를 이용해야 하니까 아편을 심었다는 논리입니다. 중국이 아무래도 땅도 크고 노동력도 풍부하니까 말입니다. 아편을 소비해야 하고 영국이 보기에 중국이 적당했다는 거죠.

그래서 영국이 아편을 중국에다가 밀수까지 하면서 중국의 인민들이 나날이 피폐해지고 국가의 부가 유출되면서 국가경제가 위험해지는 바람에, 중국 측에서 임칙서라는 똑똑한 총독을 보내서 줄곧 금연을 주장했거든요. 특별히 그를 흠차대신으로 임명해 광저우에 보낸 거죠. 하지만 아편을 금지한다고 하는데도 영국민들에게 제대로 먹히지 않자, 임칙서는 결국 아편을 몰수해서 큰 웅덩이를 파고 석회가루를 넣어서 화학적으로 용해시켜버린 거죠. 이렇게 대량 처분한 다음에야 영국 상인들이 놀라게 되었죠. 간발의 차로 전쟁 승인이 나고 그렇게 피해를 입어서 중국이라는 잘살던 나라가 영국 제국주의에 침탈되었다는 게 핵심이거든요. 이로써 결국 임칙서는 민족의 자존심을 살린 영웅이 되는 거죠. 임칙서는 그 뒤에도 영국의 항의에 대해 죽을 때까지 아편에 대해 금연의식

과 국가와 민족의 체면을 살리는 것으로 등장하게 됩니다.

학술적으로 아편전쟁을 바라보는 사람들의 말을 들어보면 과연 영국인들만이 나쁜 것일까, 라는 의문이 듭니다. 이미 아편이라는 것은 중국의 상류층에게 약재로 보편화되었고요. 하층민들은 어차피 아예 아편에 접근을 못했습니다. 왜 중국 자체에서 문제점을 찾지 않고 영국에게 책임을 떠넘기느냐는 거죠. 중국사에 있어서 아주 작은 공간이었던 홍콩이 중국사의 전면에 등장했다는 점을 '홍콩스토리' 전시에서 아마 강조하고 싶었을 것입니다. 그곳에 또 본토주의의 입장이 담겨 있기도 하고요. 작은 어촌이 세계적인 금융도시로 성장할 수 있었는데 그 모티브는 영국이 제공했다는 논리입니다.

양아름 : 최근 홍콩의 우산혁명 사태가 불거지면서, 홍콩 민주화에 대한 관심이 국내외를 넘어 초미의 관심사가 되었습니다. 2014년 12월 11일, 몇 달에 걸친 우산혁명이 경찰과 시민의 대치 끝에 막을 내렸습니다. 책에서도 볼 수 있듯 제5부 탈식민을 위한 본토에서는 6·7폭동과 6·4사태 등 홍콩의 시위에 대해서 자세하게 다루고 있습니다. 선생님께서는 만일 한국에서 한국 스토리 전시 기획을 한다면, 4·19와 5·18이 빠진 전시가 가능하겠느냐는 물음으로 홍콩역사박물관의 홍콩스토리 전시를 비판하기도 하셨는데요. 홍콩의 민주화 운동 역사에 대한 개괄적인 설명과 함께 이러한 민주화 시위가 가지는 의미에 대해 짚어주십시오.

류영하 : 제가 유학을 처음 간 게 1986~87년도쯤이었는데요. 가서 이상했던 점은 홍콩 사람들이 중국을 별로 안 좋아하는 분위기였다는 것이었습니다. 대체 왜, 이상하다? 홍콩은 원래 중국 것이었는데 홍콩 사람들도 중국 사람일 텐데, 당연히 영국을 미워하고 중국을 그리워하고 지하운동이라도 벌어져야 하는 게 아닌가 하는 생각을 했어요. 당시만 해도 저는 국가와 민족에 굉장히 충실한 사람이었기 때문입니다. 그런데 홍콩 사람들이 영국 편이더라는 거죠. 영국이 홍콩을 아름답고 잘살게 하고 합리적인 공간으로 만들었다는 그들의 주장에 매국노 같은 사람들, 하고 생각하기도 했습니다.

영국과 중국은 80년대 초부터 주권 반환 협상이 진행됩니다. 1984년도에 중국과 영국 간의 합의를 본 거죠. 그게 사실 몇 년 동안이

굉장히 힘들었습니다. 왜냐면 영국에게는 홍콩이 굳이 안 돌려줘도
되는 공간이었던 문제가 놓여 있었기 때문입니다. 홍콩은 홍콩 섬,
구룡반도, 신계 이렇게 세 부분으로 구성되어 있는데 1차 아편전쟁
때 홍콩 섬만 할양(영원히 주는 것), 2차 때는 구룡반도를 할양, 신계
는 조차(빌려주는 것)한다는 조건이었기 때문에 따져보면 신계만 돌
려주면 되는 거죠. 1997년 7월 1일, 중국은 홍콩을 한꺼번에 다 반
환받으려고 합니다. 당연히 영국으로서는 반대를 합니다.

처음에 영국은 홍콩을 50년 더 쓰자, 더 빌려달라, 아니면 주권을
돌려줄 테니 사용만 하자는 식으로 사용권을 요구했습니다. 싱가
포르처럼 홍콩을 독립시키는 게 어떠냐고 제안하기도 했고요. 이
런 식으로 중국과 밀고 당기기 협상이 진행되었는데, 덩샤오핑이
그건 절대 안 된다 하며 대처 수상과 협상 중 전쟁을 준비하고 있
다는 식의 발언을 해 인민대회당에서 대처 수상이 쓰러지기도 했
습니다. 대처의 그 사진이 중국 신문에 대문짝만 하게 실릴 정도

류영하 교수

였고요. 그러다가 제가 방문한 시점에 큰 테두리에서 합의를 했는데 사소한 세칙에서 자꾸 엇나갔습니다. 그때 패튼 총독이 홍콩의 마지막 총독으로 부임하면서 조치를 취했는데, 그게 바로 홍콩의 민주화였습니다.

홍콩인들을 위한 민주화가 진행되어야 한다는 것이었는데, 이는 홍콩인들이 자기 스스로 정체성을 발견하는 과정이 되기도 합니다. 갑자기 어느 날 주권 반환 협상이 진행되고 있으니까 홍콩인들은 자기들의 발언권이 전혀 없는 거죠. 두 거인이 자신의 운명을 다루고 있는 셈입니다. 이때 홍콩인들은 다시 태어납니다. 홍콩인들이 3자 테이블을 마련하라고 하자, 중국은 결사반대합니다.

홍콩의 반환을 사실 중국은 바라지 않았습니다. 홍콩인들이 민주의식을 갖는 게 두려웠기 때문입니다. 최근 주권 반환 당시 문서가 영국에서 공개되었는데, 이는 영국하원이 최근 홍콩의 시위를 도와주는 차원에서 공개된 것으로 풀이됩니다. 이 문서에는 중국이 홍콩의 민주화를 반대했다는 식으로 기술되어 있는데, 홍콩 사람들이 똑똑해지면 중국이 불리하기 때문이었겠죠. 주권 반환 당시 1년에 50만 명이 이민 갔을 정도로 홍콩인들은 미래에 대해 불안해하고 있었습니다. 홍콩민들은 공산당이 싫어서 나온 사람들이거든요. 중국을 못 믿는 거죠.

지역에서 행복하게 출판하기

홍콩의 역사 중에 아름다운 역사를 꼽자면 중국 대륙의 민주화를 지지한 운동인 6·4사태를 들 수 있습니다. 1992년 당시, 중국의 민주화와 홍콩의 민주화를 한꺼번에 표출한 사건으로서 중국 학생들을 지지하는 시위를 홍콩인들도 연일 진행했는데, 왜 그 역사는 홍콩역사박물관에서 한두 줄로 처리하고 있는가 하는 거죠. 홍콩이 자신의 민주의식을 발견한 시점으로 기록되어야 하는 게 아닌가요? 위대한 역사는 반드시 기록되어야 하는데 말입니다.

저는 역사박물관이 개념을 가지고 어떤 사건들을 정리하기보다는 그냥 모든 사건을 전시해서 판단을 독자들에게 맡겼으면 좋겠어요. 이를테면 박정희 박물관도 마찬가지예요. 여기를 만드는 데는 동의하지만 팩트만 전시하는 거죠. 모든 역사를 가감 없이 고스란히 전시하자는 거죠. 그가 성취한 경제적 성과도 전시하고 민주화 당시 희생되었던 이들의 이야기도 함께 전시해야 한다는 것입니다.

저는 지금 홍콩에 가서 이 책을 중국어로 번역할 계획을 갖고 있습니다. 홍콩 학자들이 못하는 말을 제가 할 계획입니다. 최근 『명보』의 편집장이 대낮에 칼을 맞는 사건이 있었습니다. 언론인들도 옛날의 기개를 기대할 수는 없는 거죠. 가끔씩 중국에서 기자들을 국가기밀누설죄로 잡아넣는다는 소식이 들려옵니다. 제가 이 사태를 도와줄 수 있는 방법은 단지 외국인 자격으로 세미나에 참석해 마음대로 이야기하는 것뿐일지도 모르겠습니다.

독자 : 홍콩 공무원들이 자기가 하고 싶은 말이 있는데도 불구하고 상부의 눈치를 본다든지 하는 장면은 우리나라에도 암암리에 존재

하는 것 같습니다. 교수님께서는 홍콩을 보면 한국의 미래가 보인 다는 이야기를 하셨는데요. 그렇다면 홍콩의 미래는 어떻게 될 것 인지 교수님께서 바라는 홍콩의 미래상은 어떤지 말씀해주십시오.

류영하 : 홍콩의 가치는 제도와 법치거든요. 그것을 영국인이라는 서구인이 만들어놓은 거죠. 홍콩에서는 법을 지켜야 한다는 생각 이 굉장히 강합니다. 택시가 서는 규칙에 대해 앞에서 말씀드렸습 니다만, 누구나 법을 공평하게 지켜야 한다는 것은 모든 홍콩인들 이 지니고 있는 가치입니다.

그리고 자유라는 가치가 있습니다. 그러나 자유 이전에 민주는 없 었습니다. 홍콩민들이 직접선거는 못했지만 직접선거보다 더한 행정제도가 있었기 때문에 굳이 민주의 필요성을 못 느꼈겠죠. 언 론의 자유도 완벽했고요. 좌파, 우파, 중도파가 모두 의사표현을 할 수 있었던 곳이 홍콩입니다. 홍콩의 가장 큰 장점은 좌도 아니 고 우도 아닌 제3의 공간이라는 점입니다. 좌편도 우편도 아무 편 도 아닌 홍콩 편이라는 말을 자주 합니다. 아무 이념과 사상으로 부터 강요받지 않는 공간. 그게 홍콩인데, 다수에 의해, 국가와 민 족의 이데올로기에 의해 그것이 축소되고 있다는 사실이 굉장히 슬프게 느껴집니다.

이것은 다수와 소수의 문제로서 풀어야 할 것 같은데, 소수의 의 견은 어디까지 인정받아야 하는 것일까 하는 논쟁이 뒤따릅니다. 역사적으로 볼 때도 사실 소수가 옳을 때가 더 많았습니다. 중국 은 현재 돈을 앞세워 동화정책을 내세우고 있습니다. 경제적 장악

지역에서 행복하게 출판하기

을 하기 위해서지요. 중국과 홍콩이 세파라는 경제협력조약을 맺어 자유투자환경이 조성되었습니다. 이로 인해 홍콩의 집값이 5년 만에 세 배 가까이 오르기도 했고요. 홍콩의 섬에서 홍콩민들이 살 수가 없게 되고 홍콩민들은 중국에서 철저하게 2등 국민으로 전락해버렸습니다. 홍콩기업의 취업에는 중국대학생을 우선 채용하는 일이 빈번하고요.

앞으로 홍콩의 미래를 물어보셨지요. 보통 홍콩에서는 이런 설문조사를 매번 실시하는데요. 본인이 중국인이냐, 홍콩인이냐, 중국-홍콩인이냐는 질문에 답변이 각각 30%로 균등하게 나타나다가 최근에는 자신이 홍콩인이라는 답변율이 높아지고 있습니다. 이런 상태가 재밌죠. 앞으로는 어떻게 갈 것인가 하는 게 문제겠지만요. 저의 연구가 앞으로는 홍콩의 정체성이나 가치가 유지되고 지속될 것인가 무너질 것인가 하는 식으로 진행될 것 같습니다. 제가 공부를 하는 목적은 과연 어떤 사회가 조화로운 사회인가를 연구하기 위해서입니다. 여기에는 홍콩 내부의 문제도 있겠죠. 책에서 홍콩 내부에 대한 비판도 많이 다뤘습니다. 홍콩의 민주에 대해 그동안 홍콩인 너희들은 얼마나 노력했는가 하는 거죠. 사실 세계에서 가장 빈부격차가 큰 곳 중 하나가 홍콩이라는 공간입니다. 그것을 극복하기 위해서 홍콩인들 스스로 한 번이라도 노력해본 적이 있는가를 묻는다면 그들도 난처할 것입니다. 이른바 내부식민에 관한 것이기도 한데, 지금 현재는 홍콩의 기본적인 시민계급이 조금씩 형성되고 있다고 봅니다. 앞으로는 시민계급이 어느 정도의 힘을 가질 것인가 하는 문제가 대두되겠는데요.

홍콩은 2008년도까지 최저임금제도도 없었고 노동계약조차도 없
는 곳이었습니다. 이런 환경에서 민주를 요구하겠다는 것은 그동
안 홍콩 내부에서 민주에 대한 노력을 게을리한 대가를 지금 지불
하고 있는 것이라고 봐야겠죠. 결국, 시민계급만이 시민을 도와줄
수 있습니다.

독자 : 저는 중국현대문학 연구자로서, 홍콩에 대한 제반 지식이
전무한 편입니다. 홍콩에 대한 연구를 많이 하셨는데, 홍콩 영화,
문학, 도시연구와 같은 추상적인 텍스트나 매체를 통한 연구가 주
로 이루어진 것으로 압니다. 대륙 중심의 시각을 탈피해 홍콩이나
대만으로 시각을 돌린 것은 새로운 시도라고 여겨지고요.
　이는 개인적 질문일 수도 있겠는데, 선생님께서 본토주의라는
말씀을 쓰셨는데 학계에서 로컬리티라는 말을 주로 쓰고 있습니
다. 중국 현대문학에서 1930년대 중국 동북지역의 동북작가군을
만들 듯이 지역성과 향토성이 가미된 용어라고 생각되고요. 대만
에서는 1960~70년대 문예사조를 향토문학이라는 말로 사용하기
도 합니다. 본토와 향토라는 말은 한자는 다르지만 정체성과 향토
성을 찾고자 하는 것에서 비슷한 용어라고 생각되는데요.
로컬리티/본토주의에 있어 통상적인 학계 용어를 따르는 게 옳은
지, 이처럼 각 연구자마다 전공과 정체성에 근거에서 적절히 선별
해야 하는 것이 옳은지 말씀해주셨으면 합니다.

류영하 : 저도 잘 답변하기 힘든 질문을 던져주셨네요. 사실 국내

학계에 중국 중심주의가 팽배해 있습니다. 모든 시각을 중국에 놓고 중국 대륙 학자를 많이 인용하며 그들의 사상을 번역하고 그들을 초청하는 문화가 주류지요. 그런데 최근에는 이것이 잘못되었다는 시각이 많이 형성되고 있습니다. 대만 연구나 홍콩 연구가 각광받고 있는데요. 조금 시각을 넓혀보자는 차원에서 이해할 수 있겠네요. 저는 다양화라는 측면에서 당연히 반길 만한 것이다, 라고 생각하고 있습니다.

또 용어의 문제는 홍콩학 테두리에서는 본토주의라는 말을 쓰고 대륙에서는 지역주의라는 말을 쓰는 게 맞다고 생각합니다. 제가 책을 쓰기 전에 로컬리티 문제에 대해 본토주의라는 용어를 가져갈 것인가, 지역주의라는 용어를 가져갈 것인가에 대해 사실 고민을 많이 했습니다. 한국 학계에서의 '본토주의'라는 의미를 깨줘야겠다는 의미에서 일부러 쓴 것도 있고요. 한국에서는 무조건 본토는 중국이라는 시각이 절대적이거든요.

지역이라는 의미와 본토는 조금 다릅니다. 본토는 긍정적인 정체성을 가진 공간에서 쓰이는 용어입니다. 본토주의의 반대편에 패쇄된 지역주의나 자가당착적인 지역주의가 있더라고요. 그것은 우리가 거부해야 합니다. 내적 망명이 횡행해야 하는 점을 책에서 강하게 이야기했습니다. 그것을 저는 강조했습니다. 책을 많이 읽어봐주시길 당부드립니다.(2014년)

"안녕, 주문서는 고마웠어요"
산지니 팩스 수명 다하고 교체…
좋은 곳에서 재활용되길

산지니의 노(老) 복합기가 11월 14일 별세했다. 향년은 불명. 사인은 고령으로 인한 노환과, 점검을 위해 점심시간 중 약 10분간 실시한 빌딩 전체 정전으로 추정된다. 정전이 끝나고 기기를 재가동하자 커다란 소음이 지속적으로 발생, 하는 수 없이 전원을 끄고 소생 불능 상태로 약 하루를 버텼으나 끝내 교체를 피할 수 없게 되었다. 팩스를 끄고 새 기기가 올 때까지 기다리는 동안 거래처의 문의전화가 빗발쳐 혼란이 있었지만 산지니 식구들은 묵묵히 팩스의 임종을 지켰다.

지역출판을 처음 시작하는
사람들에게

지역출판과 대학지성

부산지역에서 10년 차 출판사를 경영하면서 지역(local)의 대학 현실을 목격하노라면 절망과 희망이 교차된다. 신자유주의 세계화의 영향으로 대학은 필자가 20대에 경험한 현실과 너무도 달라졌다. 1997년 IMF 구제금융 전까지는 학생들이 졸업과 동시에 취업이 보장되어 대학사회는 대한민국의 현실에 관심을 가질 시간적 여유가 있었다. 하지만 지금은 졸업생의 취업률로 대학이 계량적으로 평가되면서 오로지 취업률 증대에만 관심을 가지게 되었다. 지역출판사인 산지니도 지역대학과 산학협력을 통해 지역사회가 수도권으로 이탈하지 않고 20대의 취업률을 올리는 방향이 필요하다는 데 공감하고 있다. 예를 들면 산지니는 한국해양대학교와 산학협력가족회사로 활동하고 있고 동아대학교 인문대학 학생들의 인턴활동을 정기적으로 지원하고 있다. 그러나 살인적인 등록금에 비해 취업률은 너무 저조하여 20대는 상당한 시간을 투입해야만 소화할 수 있는 책과는 점점 거리가 멀어지고 있는 형편이다.

출판사는 문화상품의 특성을 가진 책을 통해 영리를 추구하는 기업이다. 동시에 당대독자와 소통하며 후대독자까지도 고려하는 양질의 책을 발행할 책임 또한 갖고 있다. 지역의 교수들과 출판을 협의하는 중에 발생하는 가장 큰 생각 차이는 바로 책을 바라보는 시각의 차이다. 대학교수는 1년간 집필한 논문과 저서로 평가를 받는다. 1년 동안 열심히 연구한 교수에게 더 격려를 한다는 취지는 좋지만, 쉽게 결과물이 발생하기 힘든 인문학 전공 교수로서는 난감한 대목이다. 질로 평가하기보다 양으로 평가하는 부분이 문제를 발생시킨다. 집필에도 시간의 축적이 필요하지만, 출판에도 시간축적은 매우 중요하다. 좋은 책을 통해 좋은 평가를 받고자 하는 출판사의 욕망을 존중하는 대학교수도 있지만, 대부분은 그런 부분을 무시하고 그저 시간 내에 빨리 결과물이 나오기만을 바랄 뿐이다.

출판사에서 대표보다 더 중요한 사람은 편집자이다. 대부분의 저자는 대표와 이야기하려 하지만 출판사는 편집자들이 운영하는 조직이다. 출판사의 편집자는 작가와 독자(미래독자를 포함)의 가교 역할을 하는 중요한 사람으로, 신간 기획과 진행, 교정·교열, 홍보 등 출간의 전 과정에 관여한다. 대체로 책을 내는 과정은 개인이 아닌 팀의 협업 아래서 진행되기 때문에 편집자는 무엇보다도 타인과 원활하게 소통할 수 있는 능력과 원고를 읽을 수 있는 능력이 중요하다. 원고를 검토하고 분석한 다음, 출간 여부를 결정하는 것은 출판사의 장래와 방향을 좌우하는 아주 중요한 일이기 때문이다. 대학의 교수들이 이 부분을 존중하여 좋은 원고가 좋은 책으로 발전하여 독자에게 다가갈 수 있도록 해주면 좋겠다.

특정 분야의 책만을 전문적으로 출판하는 출판사도 있지만, 산지니를 비롯한 지역 출판사는 종합출판을 추구한다. 무릇 출판의 역사는 늘 도시를 중심에 놓고 발전하였다. 대학이 도시를 중심에 놓고 발전한 것과 마찬가지이다. 양심과 표현의 자유가 출판의 기본정신이라고 하면 대학의 자율성에 의해 학문의 발전이 가능하게 하는 부분이 대학의 기본정신이다. 자본과 권력으로부터 자유로운 대학을 지키는 것은 지역민의 협력이 있어야 가능하다. 도시를 중심으로 발달된 출판의 모습이 한국사회에서는 매우 왜곡되었지만, 이런 부분을 정상화시키는 것도 대학 구성원의 적극적 의지가 지역출판에 관심을 가질 때 가능하다. 출판사를 학교 앞 복사집처럼 인식하는 구성원이 많은 현재의 대학은 대학의 위기 극복에 출판의 역할을 이해할 수 없다. 산지니는 향후 10년 안에 아시아 10대 출판사가 되겠다는 목표를 가지고 있는데, 국내외 대학과 적극적으로 협력할 생각이다. 부산지역의 대학을 거점으로 아시아의 독자와 소통하는 활동을 자본의 지원 없이 독립출판으로 육성할 계획이다. 베트남 전쟁에서 게릴라가 지역민의 도움으로 거대 제국 미국에 승리한 경험이 바로 산지니가 갈 길이라고 생각하며, 지역출판사인 산지니가 지역대학과 협력하여 그 길을 이루어나가고자 한다.

제작과 유통

지역에서 출판을 하다 보면 가장 어려운 일 가운데 하나가 유통이다. 익히 알려진 출판사의 책이나 베스트셀러는 전국 어느 서점에서나 환영받는다. 그렇지 않은 책은 잘해야 한두 권, 그마저도 거절당하기 일쑤다. 이런 현상은 작은 서점일수록 두드러진다. 서점에 책이 공급되었다고 해도 독자들의 눈에 잘 띄는 매대에 책을 진열해놓는 경쟁에서 지역 출판사는 밀릴 수밖에 없다. 정기적으로 서점을 방문하여 자사 출판물을 관리할 수 있는 영업사원을 두기 힘들기 때문이다. 서점에 출판사의 인지도를 높이려면 최소 한 달에 두세 종의 신간을 출간해야 하고, 이것이 어느 정도 팔려야 그나마 영업사원을 한 명이라도 둘 수 있다. 이 모든 것이 지역 출판사로서는 쉽지 않은 일이다.

단기적으로 지역 출판사가 전국적으로 유통을 하려면 하나의 총판에 일원화를 통해 유통 리스크를 줄여야 한다. 직거래 서점 수의 최소화는 발행부수를 줄이고 제작비용을 최적화하는 한 가지 대안이 될 수 있다. 전국의 모든 서점과 위탁거래를 하기보다 필요할 경우 현금거래를 하는 것도 힘이 약한 지역출판사에게 꼭 필요한 부분이다. 전국적으로 존재하는 출판유통의 구조를 먼저 인정하고 지역의 거점 서점과 지속적으로 협력을 모색해야 한다.

산지니는 2005년 10월 두 권의 책이 최초 출간된 이후 파주에 있는 한 도서총판과 일원화 계약을 맺고 10년째 책을 공급하여 전국적으로 유통하고 있다. 그 외에도 교보문고, 영풍문고, 서울문고 등 전국적인 체인망을 가진 서점과 직거래를 바로 시작하였으며 부산지역에서는 향토서점 영광도서, 문우당 등 서너 개 서점과 꾸준히 거래를 하고 있다. 초기에는 광주, 대구, 대전, 서울, 부산 등 20여 개 서점과 직거래를 하기도 하였으나 영업 담당자가 없는 상태에서 몇 군데 서점이 부도를 내는 바람에 큰 손실을 보고 지금은 십여 개로 정리한 상태이다.

전국적인 유통을 위해 제작은 파주에서 진행하고 있는데, 조판 후 데이터를 파주의 인쇄소에 보내 인쇄 제본을 하여 파주에 있는 물류회사에 바로 입고한 후 전국 유통을 하는 시스템을 운영하고 있다.

적극적인 홍보와 기자간담회

일단 책이 출간되면 보도자료를 만들어 도서홍보업체를 통해 전국 일간지 기자들에게 책을 발송하는 작업을 초기부터 꾸준히 해왔다. 처음에는 관심을 가지지 않던 기자들이 지역에서 꾸준히 책을 만들어 보내자 하나둘 관심을 보이기 시작하여 서너 개 중앙 일간지에 동시에 기사가 실리는 책들도 있었고 A사이즈로 실리는 책들도 있었다. 이렇게 산지니의 책들이 전국 일간지에 소개되자 산지니 출판사에 관심을 보이는 기자들이 있었고, 2006년 6월 15일 한겨레 임종업 기자의 인터뷰를 시작으로 동아일보, 한겨레21, 시사인, 연합뉴스, 국제신문, 부산일보 등에 출판사가 소개가 되었는데, 이는 산지니를 알리는 데 큰 도움이 되었다.

또한 기자간담회는 주로 문학 분야 책들이 출간되면 일간지 문학 담당 기자 대상으로 주최하였는데 2008년부터 시작해서 현재까지 13회 진행한 상태이다.

출간 목록의 업데이트

출간 목록 만들기는 출판사의 장점을 최대한 살리면서 출판사의 신뢰와 명성을 쌓는 과정이며 효과적인 생존과 단계적인 성장의 길을 여는 과정이다. 산지니의 경우도 출간 목록을 만들어 메일로 발송하기도 하고 오프라인 독자에게 제공하기도 한다. 물론 책 만들기에도 시간이 부족하여 출간 목록은 분기에 한 번씩 업데이트를 하고 있었다. 2009년부터 출간 목록의 전략적 중요성에 출판사 식구들이 인식을 같이하고, 체계적으로 정리된 목록을 산지니에서 발행하는 계간 『오늘의문예비평』 우편 발송 시 전국의 공공도서관에 함께 발송하고 있다.

지역 출판미디어로 지역사회와 연대 및 소통

무엇보다 지식산업의 핵심 주체인 출판사들의 내부에서 발상의 전환이 요구된다. 지금까지 출판사는 책만 잘 만들어내면 경쟁력이 있었다. 그러나 앞으로 출판사는 콘텐츠를 생산, 유통, 소비하는 중심 거점이 되어야 한다. 다시 말하면 출판사는 책을 펴내는 곳이기도 하고 서점이기도 하며 도서관이기도 하고, 미디어이기도 하고, 지역문화 창달의 커뮤니티이기도 해야 한다는 말이다. 지역에 존재하는 작은 도서관과 결합하고 공공도서관 사서들과의 소통에도 적극적으로 나서야 한다. 그리고 지역의 신문과 방송 등 지역 언론과 인적, 물적으로 결합하여야 한다. 서울과 달리 부산에서는 이런 활동이 수월한 편이다. 산지니의 경우 지역의 미디어 종사자를 저자로 결합하여 출판한 경험이 많은 편이다. 하지만 조금 더 전략적으로 바라보며 의식적으로 결합하고자 더욱 노력해야 하는 과제도 있다. 또한 지방정부에 대한 정책적인 제언을 통해 지방정부가 출판정책을 만들도록 계속 촉구해야 하는 과제도 있다.

산지니는 지역 대학과 산학협력을 통해 지역사회가 수도권으로 이탈하지 않고 20대가 취업하는 데에 공감하기 위한 몇 가지 프로그램을 운영하고 있다. 산지니가 지역 출판사인 만큼, 우수한 지역 인재들의 양성과 그들의 지역 이탈을 막기 위한 기업의 역할을 수행해야 한다는 점에서 늘 책임감을 갖고 있던 차였다. 비록 출판사가 재정적 문제로 신규 인력 채용을 적극적으로 고려할 수는 없지만, 우수한 교수진들로 구성된 부산의 대학에서 인문학을 공부하는 젊은이들에게 현장의 실무를 미리 체험할 기회를 제공하는 데는 적극 동참하려 한다. 지역 대학과의 다양한 연계활동을 통해 20대 청년이 이력서에 인턴 경력을 한 줄 추가하기 위한 활동이 아니라, 출판사가 어떤 곳이며 출판문화 교육, 나아가 부산의 문화 관련 행사들에 함께 함으로써 부산의 인재로 거듭날 수 있도록 '교육'하는 데 초점을 맞춘 프로그램을 진행하고 있다.

산지니의 향후 과제와 제언

산지니가 부산에 있기 때문에 불리한 점이 있는 것은 사실이지만 그것이 국내외를 아우르는 종합적인 성격의 기획출판을 하는 데 결정적인 장애는 아니라고 본다. 기획에서 출력 데이터 검수까지를 부산에서 완결하고 인쇄와 제작은 파주출판단지를 이용하면서, 전국의 큰 서점들과는 직거래를 하고 서울의 유통총판을 통하여 전국적으로 책을 배급하기 때문에 전국에 책을 유통시키는 데는 큰 문제점이 없다. 관건은 기획 능력과 다품종 소량 출판을 통해 좋은 책을 꾸준히 시장에 내놓는 데 있다.

산지니의 경영 전략은 서울의 대형 출판사들이 손대지 않는 틈새시장을 공략해 지역 출판사로서 정체성을 찾아가는 것이다. 지역 출판사로서 지역의 특성을 살린 책을 낼 수도 있고 서울의 출판사들이 미처 다루지 못한 보석들을 발굴하여 책으로 만들어 틈새시장을 찾아낼 수도 있다.

그러나 아직도 지역(local)의 독자들은 베스트셀러 위주로 책을 고르기 때문에 지역색이 짙은 책은 잘 팔리지 않는 경우가 많다. 부산 출신 유명 작가의 책이 부산에서는 몇 권 안 팔리고 오히려 서울 지역에서 더 많이 팔리는 경험을 하기도 했다. 지역의 콘텐츠는 수준이 낮다는 인식을 불식시키고 지역에서 더 많이 소비하고 향유하게 만드는 것이 앞으로의 과제일 것이다. 이는 지역 출판사인 산지니의 과제일 뿐만 아니라 지역문화 활성화라는 차원에서 지방정부가 관심을 가져야 하는 문제이기도 하다.

우리나라에는 지역출판을 지원하는 제도가 거의 없다. 지역 출판사들이 늘어나지 못하는 이유 중 하나이다. 거창하게 국토의 균형발전이라는 측면에서뿐만이 아니라 사람들은 자신이 살고 있는 그 자리, 즉 지역(local)을 기반으로 할 때 건강한 삶을 유지할 수 있다. 문화건 예술이건 출판이건 내가 살고 있는 이 자리에서 즐기고 누리는 것이 중요한데, 그러기 위해서는 지역에 대한 지원과 투자가 절실하다. 2012년부터 현재까지 지속되고 있는 부산문화재단의 지역출판문화 및 작은 도서관 지원사업은 다른 지역에서도 참조할 만한 사례이다. 예산은 적어도 지역의 출판 활동을 고취하고 지역

출판산업을 육성·지원한 첫 사례라는 점이 중요하다.

출판시장 위축 상황은 늘 안타까운데 공공도서관 증설과 함께, 유통물류단지가 있는 수도권으로의 물류비 부담을 정부나 부산시가 지원해준다면 지역 출판업계 종사자로서 큰 도움이 되리라 본다.

부산시는 부산의 공공도서관들로 하여금 부산 지역 출판사의 책을 5% 정도는 구매하도록 권고하고 있는데, 이를 의무적으로 구매하게끔 하는 것이 제도화된다면 산지니를 비롯한 지역 출판계에 큰 활력이 될 수 있을 것이라 생각한다. 현재 우리 출판의 풍토는 베스트셀러나 시장성만을 좇는 경향이 크다. 그러나 규모는 작더라도 의미 있는 책을 만드는 노력은 여전히 중요하다고 믿는다.

초발심을 잃지 말자

마지막으로 출판사를 시작하면서 초발심으로 간직하고자 하는 생각들을 이야기하며 이 글을 정리하고자 한다. 첫째, 문화의 지역화와 문화민주주의의 심화에 도움이 되는 출판사. 둘째, 쉽게 읽을 수 있는 책을 만드는 출판사. 마지막으로, 이 땅에 사는 사람들의 행복에 도움이 되는 책을 만드는 출판사.

세월이 흐르면서 사람이 살아가는 데 가장 중요한 것이 무엇일까를 자문해보았다. '행복'이라고 생각한다. 나의 행복과 공동체의 행복이 함께 이루어질 수 있어야 한다. 산지니의 책들이 나와 공동체의 소외를 극복하고 자본주의 사회의 여러 중독에서 해방되어 행복해지는 데 도움이 되는 책이 되기를 바라는 마음으로 출판을 하고 있다.

이미 출판사 숫자는 양적으로 너무 팽창했다. 이처럼 출판사 숫자가 많은 것은 출판업이 신고 업종이라 특별한 시설이나 규모에 대한 검증 없이 사업자 등록이 가능하기 때문이다. 당연히 대부분 출판사는 영세성을 면치 못하고 출판에 대한 뚜렷한 목적의식도 없다 보니 무실적의 출판사로 난립하는 것으로 그치기도 한다.

기존질서에서 불이익을 받는 집단이 변화를 주도해 기존의 게임법칙을 바꾸려고 노력해야만 한다. 특히 세상의 변화는 언제나 중심이 아니라 약한 고리인 변방에서 일어나지 않았나. 산지니와 같은 지역출판미디어는 서울 중심의 출판을 극복하기 위해 더 적극적으로 노력해야 한다. 창업이념과 원칙을 지킬 것, 틈새시장을 찾아 공략할 것, 가능한 일과 불가능한 일을 냉정히 판단하고 대응할 것, 사람과 그 인연의 소중함을 잊지 말 것을 염두에 둔다면 색깔을 잃지 않고 의미 있는 책을 출판하는 출판사가 될 수 있다고 생각한다.

작가와 독자를 잇는 매개가 출판인이자 편집자이다. 출간할 책들이 이 세상에 꼭 필요한 책이 될 수도, 아까운 나무만 없애는 결과가 될 수도 있다. 이 책이 세상에 정말 필요한 책인지 항상 고민하는 자세가 필요하다. 갈수록 소규모 출판사는 살아남기 힘든 구조가 되어가고 있다. 현재의 시장 상황이 그렇다. 그래서 출판을 한다는 것은 철학이 있어야 가능한 일이다. 발은 땅에 딛고 있으되 머리와 가슴은 좋은 책을 세상에 남긴다는 높은 포부를 잊지 않도록 노력하겠다.